报纸版式创意设计

忻志伟　周　骥　著

合肥工业大学出版社
HEFEI UNIVERSITY OF TECHNOLOGY PRESS

前　言

在以智能手机为主的移动媒体出现之前，报纸在各类媒体中的地位是相当牢固的，即使有网站 PC 端等新媒体的出现和挑战，也撼动不了报纸"老大"的地位和影响力。当初，曾对报纸的特性有过这么一个定义：每天早晨发行，也很容易购买，不受场所限制，伸手就能够阅览的媒介，只有报纸。①

新闻用纸张记录历史，这是时代赋予报纸最神圣的使命。报纸以实物的形态，既可存又可展，体现了它独特的史料价值和印刷工艺；若能在此基础上，再加入创意的呈现，那这张纸就被赋予了艺术的生命。这好比北宋张择端留世名作《清明上河图》一样，后人从中不仅了解到了汴京（今河南开封）当时城中布局、建筑风格和百姓的衣食住行，又欣赏到了兼工带写、设色淡雅的北宋画风特色。以史料＋艺术的形态留存于世，这是报纸的光荣使命，也是版面编辑的职责所在。

尽管是移动媒体大盛的当下，报纸这一强大的使命感，注定其地位不可动摇，报纸版面编辑日日出新，用艺术的手法记录历史印痕，方能不辱使命。

作为纸质印刷品，报纸呈现到读者眼中的是一个个不同的版块。这些版块里面的图文信息，能否勾起读者的阅读兴趣，除了内容合乎读者口味外，其形式上的包装也很重要。报纸的版式作为平面设计的一种，必须要靠精心构思、精美设计，才能引起读者的关注。

所谓版式，即在平面上的展开和调度的规律，探讨按照一定的视觉表达内容的需要和视觉美的规律，运用各种视觉要素和构成要素，将各种文字图形及其他视觉形象加以编排组织的设计表现方法。②也可以说，版式就是一种编排设计。

---

① SE 编辑部 . 新 · 版式设计原理 [M]. 曹茜，译 . 北京：中国青年出版社，2013：37.
② 陈建勋 . 现代设计元素 · 版式设计 [M]. 南宁：广西美术出版社，2006：6.

　　编排设计，是通过文字、图形、色彩等构成要素向人们有效地传达信息。编排的目的就是将画面上的各元素按照一定审美规律进行视觉上的重新整理和配置，同时结合艺术设计的具体特点，使其迅速、快捷地传递信息。①日本设计理论家、教育家田野永所也认为："根据目的把文字、插图、标志等视觉设计的构成元素，作美观的功能性配置构成，即为版式设计。"②由此可见，版式设计既是一个造美的过程，也是一个向读者传递信息的过程。只是传递的是美的信息，至于能否被读者认可，就要看设计者有无不甘平庸、否定自我，甚至涅槃重生的创意能力和勇气。

　　版式创意，无疑是对设计者的思想境界、艺术修养及技术知识的一次全面考验。当主题明确后，版面构图布局和表现形式等则成为版面设计艺术的核心。好的编排设计要立意清新，具有审美情趣，让各种元素的统筹能富有创意地表现。③我们也可以这样理解，版式设计的创意完全是艺术与技术相结合的产物。

　　所谓创意，就是创出新意。在报纸版式上的创意，就是要在艺术上和技术上超越平庸，创出新的意境和视觉效果。

　　当下，再提报纸强化版式创意，纯粹是为形势所逼：一是因为新媒体的异军突起；二是因为同行竞争。

　　经过十余年的发展，智能手机已成为人们生活、工作必不可少的工具。2019年的一份最新报告显示，中国智能手机用户数量已达3.54亿，超越美国成为世界上智能手机用户量最多的国家。用智能手机聊天，获取包括新闻在内的各种信息，已成为近1/4中国人的日常习惯。当然，以智能手机为载体的微信、微博、QQ等移动媒体，也自然成为报纸抢夺读者源甚至争夺影响力的最大竞争对手。

　　从目前能预想到的结果来看，报纸应当会在很长时间内存在；从报纸的严谨性和权威性来看，其在各类媒体中的"老大"地位也注定不会动摇。但是，由于庞大的智能手机用户阅读习惯的改变，报纸的影响力也会被无情地"分割"出去。带来的直接结果是，报纸的种类和发行量可能会减少，"一城多报"的局面可能会变成"一城二报"（日报、晚报），甚至"一城一报"，发行量也会"浓缩"至忠实用户，或泛称有效用户。

---

①　程亚鹏.编排创意设计[M].北京：北京大学出版社，2013：1.

②　冯守哲，罗雪，曹英.版式设计[M].沈阳：辽宁科学技术出版社，2011：6.

③　修艺源，王晓峰.编排设计[M].北京：中国水利水电出版社，2013：14.

在数字在浪潮席卷而来的今天，在激烈的媒体竞争面前，报纸出版商已经意识到：竞争力的提高，依赖的不仅仅是内容，报纸的形象也已经成为吸引读者购买的重要因素。快节奏的生活引导了视觉时代的来临，读者接受信息则越来越多地依赖图形化的语言。[①]异军突起的移动媒体吸引用户的秘诀，除靠信息传递的速度和用户互动的即时性外，也将图片、音视频、H5等多种图形化语言的呈现作为卖点。报纸要寻找与移动媒体等竞争的突破点，探寻一个适合自身立稳脚跟的最佳途径，除了在新闻报道上要想尽办法求速度、求深度、求温度外，更多地要在版式设计中多采用图形化语言，力争以版面形式的不断创新来夺人眼球，留住读者。

报纸版面的形式创意，就是指在版式、图片、色彩、字体等版面元素应用上的创新手法。一个好的版式，不仅要有新的创意，能让人眼睛一亮；更要符合审美要求，能接受时间的考验。

需要强调的是，与内容相比，形式始终是居于第二位的，但它对内容有反作用力。在内容创新的同时，形式跟着变，会强化内容创新的效果。即使内容未变，把形式变换一下，只要是独特的、合理的，也会给人以耳目一新之感。[②]

现代报纸编排设计不是传统意义上的美化和装饰版面，更不是艺术情感的宣泄，而是建立在视觉承载、阅读规律、市场营销之上；是对信息传达、视觉承载、阅读过程、整体形象、文化品位的完整设计；是一个复杂细致的科学分析、判断、决策的过程；是一个科学与艺术完美结合的过程；是对传媒产品本质的设计。[③]这就对从事版式设计的人员提出了更高的要求，想似"南郭先生"般混日子是不可能的。

如今，中国新闻行业出现了一个新名词，叫"新闻设计师"。"中国新闻设计师网"创办人廖小静对此的解释为，能够通过对事实的把控，基于美术专业的生产而得到高于事实本身的有意义、有美学价值的作品，这样的人才可以称为新闻设计师。新闻设计师必然是新闻和设计这两个领域里跨界的个体，通过他们对设计与美学的专业素养，美观呈现信息的事实，还要有价值地体现信息的意义。[④]

---

① 艾青，陈琳，毕丹. 版面编排设计 [M].2 版. 武汉：华中科技大学出版社，2014：106.
② 王咏斌. 报纸版面学 [M]. 北京：人民日报出版社，2006：447-448.
③ 程亚鹏. 编排创意设计 [M]. 北京：北京大学出版社，2013：133.
④ 廖小静，罗杰，刘春田. 中国新闻设计年鉴 [M]. 上海：上海辞书出版社，2011：182.

一位高水平的版面设计者，必须是版面学的"通才"，既有理论素养，又懂技术和艺术；宏观上高屋建瓴，微观上独具匠心，这才能在版面设计中左右逢源、化难为易、点石成金，把一块又一块好版面奉献给读者。[①]换句话说，一名优秀的版面设计者必须是文字编辑与美术编辑一肩挑，两者的技能缺一不可，新闻设计师就是能"一肩挑"的人。

事实上，报纸编辑部中能做到"一肩挑"的人毕竟是凤毛麟角，文字编辑与美术编辑"两张皮"的现象还是普遍存在的。

有的刊物版面和内容会经常有各自为政的状况，主要原因是编辑和版面设计人员之间缺少沟通。编辑大部分是新闻人员，却不太懂得如何把自己的编辑想法通过版面设计传达给读者；设计者基本上毕业于艺术院校，具有艺术情结，所以对版面上各种素材的理解自成一个体系，不太懂得把编辑的想法，通过设计安排在版面上。[②]为了改变这一状况，很多报纸编辑部只能反复强调文字编辑与美术编辑的精诚合作，并制定一定的操作规程来弥补这一遗憾。

独特和个性是视觉传达的生命，因为视觉往往厌倦司空见惯的形式，而独特和具有个性的版式是创造的结果，能够最大限度地吸引人们的视线。[③]也就是说，美术编辑可以通过不同的视觉表达手法，来实现自己理想中的版式风格，或是实现与众不同的创意风格。

报纸天天出，版式创意天天要。读者喜新厌旧，新闻设计师又是眼光高、要求高的群体，最要命的是从来不肯轻易"放过"自己。

对于广大新闻设计师来说，这不啻是明知痛苦万分而又心甘情愿为之的职业。谁让我们爱上了这一挑战性极强的工作，谁又让我们长了一颗不甘守旧的心，谁更让我们拥有了一颗永远能冒出稀奇古怪点子的聪明脑袋瓜儿呢？

前景不一定光明，道路肯定坎坷。只要报纸存在一天，我们依然会埋头前行，哪怕千山万水，也绝不回头。愿与一同走在路上的新闻设计师们共勉！

忻志伟　周　骥

2020 年 5 月于宁波

---

① 王咏斌. 报纸版面学 [M]. 北京：人民日报出版社，2006：335.

② 谢雨玫. 图片编辑与版面设计 [M]. 北京：中国摄影出版社，2009：4.

③ 陈建勋. 现代设计元素·版式设计 [M]. 南宁：广西美术出版社，2006：67.

目　　录

上篇　版面元素创意

第一章　版面文字造型求变 …………………………………………… 3

　　第一节　象形汉字 ………………………………………… 4

　　第二节　阿拉伯数字 ……………………………………… 7

　　第三节　文字图形化 ……………………………………… 10

　　第四节　英文字母 ………………………………………… 14

第二章　版面背景求变 ……………………………………………… 16

　　第一节　动态背景 ………………………………………… 17

　　第二节　表意背景 ………………………………………… 19

　　第三节　烘托气氛背景 …………………………………… 22

第三章　版面其他编排元素求变 …………………………………… 27

　　第一节　报头求变 ………………………………………… 28

　　第二节　标题求变 ………………………………………… 30

　　第三节　线条与底纹求变 ………………………………… 44

　　第四节　编排求变 ………………………………………… 57

中篇　图片运用创意

第四章　再现新闻现场 ……………………………………………… 65

　　第一节　运用图表形式 …………………………………… 66

　　第二节　运用"实景照片＋绘图"形式 ………………… 71

第五章　营造版面氛围 ……………………………………………… 76

　　第一节　运用插图、简笔画形式 ………………………… 77

第二节　运用图案形式 …………………………………… 84

第六章　聚焦精彩细节 ……………………………………… 88

第一节　放大照片局部 …………………………………… 89

第二节　抓住传神表情 …………………………………… 93

第三节　抠出图片精髓 …………………………………… 98

第七章　引导视觉流程 ……………………………………… 102

第一节　线条延伸区隔版面 ……………………………… 103

第二节　色调构建视觉平衡 ……………………………… 108

第三节　图片呼应版面结构 ……………………………… 113

下篇　表现手法创意

第八章　重复手法 …………………………………………… 118

第一节　图片重复 ………………………………………… 119

第二节　阴影重复 ………………………………………… 122

第三节　形式重复 ………………………………………… 124

第九章　对比手法 …………………………………………… 127

第一节　色彩对比 ………………………………………… 128

第二节　色调对比 ………………………………………… 133

第三节　占版对比 ………………………………………… 135

第四节　图片对比 ………………………………………… 138

第十章　对称手法 …………………………………………… 142

第一节　编排上的应用 …………………………………… 144

第二节　内容上的应用 …………………………………… 146

第三节　图片上的应用 …………………………………… 148

第十一章　隐喻手法 ………………………………………… 150

第一节　背景隐喻 ………………………………………… 151

第二节　图片隐喻 ………………………………………… 153

　　第三节　线纹隐喻 ……………………………………… 157
　　第四节　标题隐喻 ……………………………………… 160
第十二章　留白手法 ……………………………………… 162
　　第一节　表现空间感 …………………………………… 163
　　第二节　表达象征意义 ………………………………… 165
　　第三节　呈现特殊意境 ………………………………… 166
参考文献 …………………………………………………… 168
后　记 ……………………………………………………… 169

上篇　版面元素创意

所谓版面元素，是在常规版式下，由正文、标题、图片、分栏、留白等元素组成的报纸编排布局的整体表现形式。它反映了一类报纸的个性。

我们认为，版面元素包括文字（含汉字和英文字母）、数字、图形、报头、标题、底纹、线条等版面固有的一些常规元素。在实际版式设计中，这些元素都担任着各自不同的"角色"，美术编辑可以通过缩放、变形、夸张及不同的组合手法，表达版面所需的不同立场和情感。所以，它们也是版面语言重要的组成部分。

版式设计的主要目的就是传达信息，因此对版面信息的定位显得尤为重要。版面信息的定位可以从两个方面考虑：一是针对读者群体的定位；二是针对版面主题的定位。[①]

因此，在版式创意中，各位美术编辑都要根据各自报纸的特性，充分考虑阅读对象——读者的需求，你的种种变化和创新能否投其所好，并为他们所接受。如党报面对的主要是机关工作人员，或是各行各业的白领，讲究的是大气端庄的版式风格；都市报的对象以年轻人为主，强调的是时尚前卫的版式风格；晚报的读者以老年人居多，版式定位应清新易读。另外，在版式创意中，我们还是要强调与新闻主题内容相符。再好的形式，也只是内容的辅助；只有形式与内容高度统一，这样的版式创意才能被认可。归纳起来说，我们所有的版式创意，既要满足读者的需求，又要符合新闻内容的需求。

有形式没有内容，只有设计师自我陶醉的个人风格和与主题不相符合的文字和图形，作品是没用的；有内容没有形式，会降低传播质量，丧失读者群；只有形式与内容相互配合，保持和谐，并围绕主题精神进行设计风格的探索，版面的表现才能深刻感人。[②]

[①] 盛希希，唐立影.版式设计 [M].北京：北京大学出版社，2013：12.
[②] 艾青，陈琳，毕丹.版面编排设计 [M].2 版.武汉：华中科技大学出版社，2014：12.

　　我们也可以这样断言：所有围绕甚至是"迎合"内容的版式创意，都是必要的，也是值得倡导的。

　　依仗传统版面元素进行版式创意，可以在版面文字造型、版面背景、版面其他编排元素上求变。

第一章　版面文字造型求变

版式创意并不是为创意而创意。创意不是最终目标，而仅仅是为了更好地传播版面的新闻信息，或者说是为了将版面的新闻内容"卖"给读者而进行的创意。

版式设计的最终目的是使版面产生清晰的条理性，更好地突出主题，达到最佳的视觉效果。[①]因此，在版式创意中，就要努力做到主次分明、条理清晰，烘托新闻主题，吸引读者眼球，并帮助读者更好地读懂新闻。

在版面编排设计中，文字编排设计是最富有情感的表现形式，如文字在"轻重缓急"的位置关系上，就可以体现感情的因素，即轻快、凝重、舒缓、激昂。另外，在空间结构上，水平、对称、并置的结构可以表现严谨与理性，曲线与散点的结构可以表现自由、轻快、热情与浪漫。此外，出血版可以表现感情的舒展，框版可以表现感情的内涵，留白体现抒情，黑白富于庄重、理性等。合理运用编排的原理来准确表达或清新淡雅，或热情奔放，或轻快活泼，或严谨凝重的情感，是版面编排设计更高层次的艺术表现。[②]

文字是运用视觉形象来表达思想的符号，其本身就是内容与形式高度统一的范例。作为版面编排设计中的重要元素，文字是人们交流和传达信息的主要媒介。在版面编排设计中，文字一方面作为承载信息的媒介，另一方面则作为符号存在于整个版面中，这就要求版面中的文字既要有传递信息的功能，又要能满足形式上的要求。[③]单从报纸上惯用文字的分类来讲，文字可分为汉字、数字、英文三种。

版面文字造型求变，可以借助象形汉字、阿拉伯数字、文字图形化、英文字母来实现。

---

① 盛希希，唐立影.版式设计 [M].北京：北京大学出版社，2013：19.
② 艾青，陈琳，毕丹.版面编排设计 [M].2 版.武汉：华中科技大学出版社，2014：9.
③ 艾青，陈琳，毕丹.版面编排设计 [M].2 版.武汉：华中科技大学出版社，2014：44.

第一节　象形汉字

汉字，作为中华文明最具代表性的传承物，具有"象形、指事、会意、形声、转注、假借"六大特征，被世人誉为"中国第五大发明"。汉字是所有中文报纸排版中必不可少的元素，其"形意互见"的表意功能还能烘托报纸版面主题，为版面编排锦上添花。

高质量的字形处理会让读者眼前一亮，并传递出文字延伸、内容丰满、有文化内涵的感受；夸张大胆的文字设计，会增加阅读的趣味性。[①]象形汉字的魅力也由此可见一斑。

◀紫金矿业下属企业发生污水渗漏事故，顿陷"环保门"。《辽沈晚报》在编排这条新闻时，也是利用标题的汉字做文章，"拷问"的"问"字被放大至占整个版面60%的面积。"问"的两侧排上文字，"问"的中间"口"字加了一幅环保检测人员手拿装有污染水瓶子的剪接图。

这瓶污染水置于"问"的中心，非但没有破坏汉字的结构，反而增强了"问"字的分量：这是大众媒体对污染企业良心的一记重重"拷问"。

刊于 2010 年 7 月 21 日《辽沈晚报》B1 版

---

① 苑平.版式设计 [M].北京：中国劳动社会保障出版社，2014：66.

▶2011 年 11 月 17 日，"神舟八号"载人飞船在完成任务后成功返回。《宁波日报》在版面上画了个巨大的"回"字，凸现"神八回家"的喜悦基调：整个版面被巨大的"回"字占据，先声夺人，既强化了版面主题，又抓住了读者眼球。

该版面最终荣获浙江新闻奖二等奖。这一版面所用的是新华社通稿中的 3 篇文章和 2 张照片（其中左下角还是一张从图表中抠出来的辅助照），材料既不多又很普通。唯一与他报不同的是，多了一个汉字"回"。可能正是这个十分普通而又意味深长的"回"字，赢得了评委的首肯。

▶重阳节，又称为"老年节"，是人们尊老、敬老、爱老及登高赏菊的好日子。随着生活水平的不断提高，重阳节也成了人们增进亲情的重要节日。《东南商报》不惜拿出整个头版来做重阳节的话题。

美术编辑在版面中将重阳节、老年节的关键词组成了偌大"重阳"两字，来反复叮嘱年轻读者：勿忘父母养育之恩，抽点时间常回家看看，尽点孝心。版面上方的绿树，版面下方的围墙、远山和大雁，营造了传统节日浓浓的气氛。2014 年是甲午马年，恰逢两个农历九月。那么，我们是不是要过两次重阳节？主稿对此进行了回答，普及了一定的常识。

刊于 2011 年 11 月 18 日《宁波日报》A8 版

刊于 2014 年 10 月 2 日《东南商报》第 1 版

刊于 2015 年 2 月 8 日《东南商报》第 4 版

◀临近春节的前十天，正是游子回乡的高峰。《东南商报》摄影记者蹲在火车站，记录了回乡大军行色匆匆又脸带企盼的瞬间。这只是一组普通的应景照片，拍摄的画面很平常，即使闭目也能想象到。但打动读者的，还是美术编辑用传统剪纸做的"回家"两个汉字，再配以一只只踏地有痕的"小脚丫"，烘托了游子浓浓的乡愁。

看了剪纸体的"回家"标题，再一一品味四幅图片，那真是"味道好极了"！

▶这是一个精心设计的版面，《东南商报》美术编辑展示了高超的驾驭版面的能力：利用地名的特殊性，把"它山堰"的"它"字放大。"它"既是个代词，又是"它山堰"的首字。"山堰"两字置于"它"之下，构成一个商标的模样。

这一巧妙的汉字编排，既装饰和强化了主标题，又给读者留下了深刻的印象。

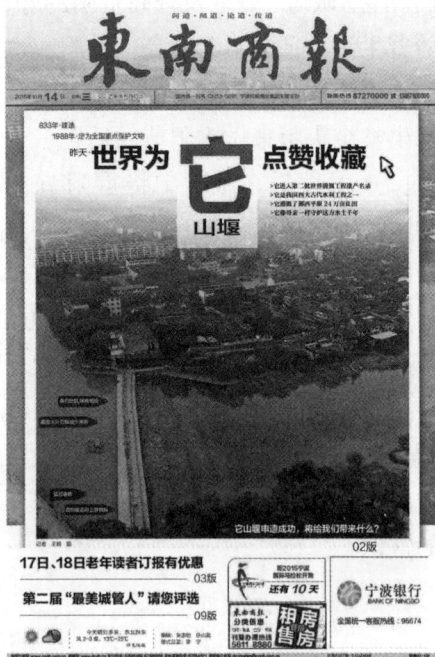

刊于 2015 年 10 月 14 日《东南商报》第 1 版

第二节　阿拉伯数字

数字,作为一种特殊的符号和语言,应用在报纸版面设计上,也能取得令人意想不到的效果。

▶2007年3月20日,是美国发动伊拉克战争4周年纪念日,巧合的是,萨达姆的得力助手、伊拉克前副总统拉马丹当天被处以绞刑。如何突出处理好这一既重大又十分巧合的新闻事件呢?《宁波日报》版面编辑提出了大胆的设想:在设计版面时,就围绕"伊战4周年"这个"4"字来做文章。编辑从一大堆新闻图片中,精心挑选了3张最具代表性的图片,分别是神气十足、不可一世的美国大兵,烈焰熊熊、惨不忍睹的伊战场面以及黯然沮丧、苦不堪言的拉马丹。再用电脑软件将3张图片合成一个"4"字,置于版面最为显著的位置。

从外形看,这个"4"字点明了伊拉克战争刚好是4周年的纪念日;从内容看,这个"4"字又突出了拉马丹被处以绞刑的事实。

▶《宁波日报》这个版面的表现手法也是如此:2007年9月11日,是全球最为恐怖的"9·11"事件发生6周年纪念日。为了纪念这一痛苦而难忘的日子,版面编辑就用"9"和"11"进行构图,还巧妙地用主标题"6年反恐得失几何"中的首字"6",替代"9·11"中的间隔号"·",使版面的设计和构思更为完美。

刊于2007年3月21日《宁波日报》A13版

刊于2007年9月11日《宁波日报》A12版

刊于 2014 年 5 月 26 日《东南商报》第 8 版

◄第 67 届戛纳电影节落幕，各类奖项相继揭晓。《东南商报》版面编辑在版面上用数字"67"进行版式创意，"6"套住的是最佳男主角蒂莫西·斯波的照片，"7"采用大红色，犹如一条长长的红地毯铺于整个版面上，女主角朱丽安·摩尔在红地毯的衬托下显得愈发光彩夺目。下方还有唯一参与颁奖的华人明星李宇春步入红地毯的一幕。这是电影节唯一的中国元素，当然不能遗漏。

用数字进行版式创意，还是很讨巧的，有心的版面编辑不妨试一试。

数字，作为一种特殊的符号和语言，应用在版面设计上，能取得令人意想不到的效果。将版面中的图文处理成同样具有新闻性的"数字"后，使图文顿时变得有血有肉，"活"了起来。

▶由于货币政策保持相对宽松的状态，国内低利率时代来临。理财产品收益又跌了，预期年化收益或"破 4 入 3"！而此时刚好是过年前发年终奖的高峰期，于是《东南商报》帮着读者喊出了"年终奖遇到预期年化收益低至 3% 怎么办？"的担忧。

美术编辑则利用数字"4""3"做起了文章：前置一页写有"4"字的发黄纸张，将其拦腰"撕"开，强调的是"破 4"的趋势；而呈现在里面的却是翻绿的"3%"，与前期高收益的理财产品相比，"3%"相当于在股市里的"跌势"。一"撕"一"翻绿"，数字的造型变化，顿使版面增色不少。

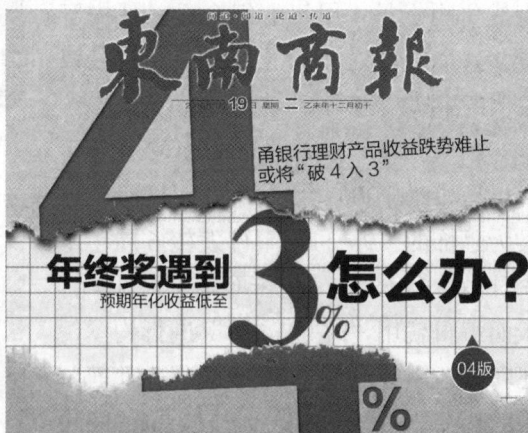

刊于 2016 年 1 月 19 日《东南商报》第 1 版

▶所谓无巧不成书。《现代金报》的 7 月 1 日建党纪念日的头版，巧用 "7" 和 "1" 两个数字来编排："烫头叔" 拿着灭火器 "7 进 7 出" 火场保住邻里平安，老党员肖成华初心如 "1" 收藏 500 余本《共产党宣言》。两个新闻当事人又都是共产党员，这种巧借新闻内容来体现形式独特的编排手法，体现了编辑经营版面的用心。

让 "数字" 这一特殊元素在版面 "大声说话" 的妙处不外乎以下三点：一是给人以一种全新的读报感受。用 "数字修饰法" 来设计报纸版面，突破了传统的、方方正正的图文编排手法，版面因 "数字" 而变，图文随 "数字" 而动，这不但能提升版面的个性化，更能激发读者浓厚的阅读兴趣。二是强化版面视觉中心。在版面处理中，进行夸张式的数字放大，就能使版面的视觉中心更为凸显，图文的冲击力也更为强劲。三是版面内容与形式完美结合。将版面中的图文处理成同样具有新闻性的 "数字" 后，使图文顿时变得有血有肉，"活" 了起来。文字、图片与版面合为一体，这是报纸版面的内容与形式统一的最高境界。

刊于 2019 年 7 月 1 日《现代金报》第 1 版

当然，"数字" 也不能在版面中 "乱说话"。倘若不管新闻事实或版面内容合适与否，强行采用 "数字修饰法"，那效果恐怕就适得其反了。

第三节　文字图形化

把文字群直接围绕图形的边缘排列，使之形成一个特定的图形，这就叫作文字图形化。[1]我们也称之为"文随图形"。

借用图片色彩斑斓、灵活多变、造型直观等能够吸引眼球的特性，在文字设计时使用图形化处理，是做时尚类版面的很好选择。[2]

版面中正文的主要功能是用来让读者阅读的。因此，大家都习惯用四平八稳的方式来排正文的文字，或直排或横排，偶尔来一下倾斜已是十分了得了。其实，正文也可以作为版式美化的元素之一来考虑，若在正文编排上略加创新，便能收到较好的效果。文字图形化就是正文编排创新的手法之一，其要点便是"先图后文""图主文辅""图文合一"，也即在版面上先确定一个图案，正文根据图案的形状来编排，最终达到文图和谐统一的目的。

文字图形化是让文字随着图形固有的曲线而呈一定方向排列开来，图像与文字有机地融为一体，产生流动感。阅读时，读者的头、眼会随着文体做轻微绕动，很自然地带给读者愉悦、动态的阅读感受。[3]

◀2012 年年底，党中央提出关于改进工作作风、密切联系群众的"八项规定"后，遏制了令人痛恨的公款消费、腐败送礼之风。往年作为礼品之一的高端春茶的需求也应声下跌，2013 年新上市的春茶只得走上一条简朴路线（价位下降、包装简易）。

《都市快报》这个版面的处理也是十分简易，版面用底纹画了 6 瓣春茶的嫩芽，

刊于 2013 年 2 月 26 日《都市快报》C01 版

[1]　艾青，陈琳，毕丹.版面编排设计 [M].2 版.武汉：华中科技大学出版社，2014：53.

[2]　苑平.版式设计 [M].北京：中国劳动社会保障出版社，2014：69.

[3]　苑平.版式设计 [M].北京：中国劳动社会保障出版社，2014：83.

正文则顺着 2 瓣大嫩芽的形状而排。既符合美学标准，十分赏心悦目，又因文入图中、图文合一，节约了版面，与版面"简朴"主题相当吻合。

▶2010 年 11 月，电影《哈利·波特与死亡圣器（上）》在我国公映。为让国内"哈迷"更好地欣赏这部好莱坞大片，《重庆时报》用一个整版进行详尽的介绍。背景是电影海报的大图，前置的是著名的霍格华兹魔法与巫术学院的三座标志性建筑，并将"不懂剧情看这里""想聊八卦看这里""不熟悉场景看这里"三段正文分别"装"入被挖空后的三座建筑物中，让读者有身临充满神秘色彩的魔法学院的感受。

刊于 2010 年 11 月 20 日《重庆时报》第 19 版

▼"要么瘦！要么死！"这是中国台湾艺人小 S（徐熙娣）的减肥语录。

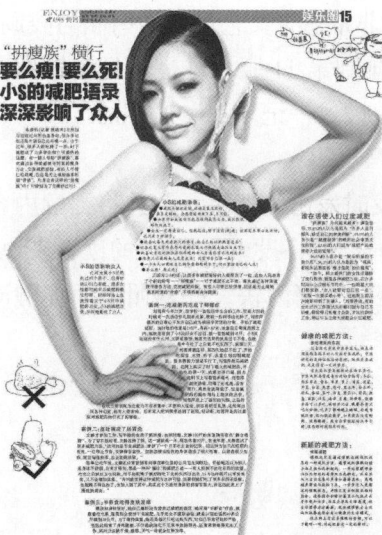

刊于 2012 年 2 月 5 日《重庆时报》第 15 版

美术编辑将正文巧妙地排于小 S 曼妙动人的身材上，并有意用文字的疏密度来表现光线及曲线的变化，使人物平添了一分立体感。

同时，《重庆时报》版面似乎还在有意"诱导"读者：只要你顺着那凹凸有致的正文读下去，并按照正文要求身体力行，保证你的身材也会如小 S 一样光彩动人。文字图形化手法在版面上的巧妙应用，无疑强化了新闻的娱乐性和观赏性。

刊于 2011 年 7 月 2 日《新京报》第 C07 版

刊于 2014 年 11 月 6 日《东南商报》第 11 版

▲对于文字"点"属性的应用，《新京报》这个版面与上个版面如出一辙。整篇文章统一编排成了一个上身躯干的形态，与沈昌文的漫画头像组合成人像。

该版面可谓一气呵成，出神入化，极大激地发了读者的阅读兴趣。这种编排手法，在报纸的文化类专刊中并不多见，却非常适合文艺形式的内涵与腔调。

▲《东南商报》有关"双十一"的稿子排到第 11 版，这是不是编辑部有意安排？或是巧合？我们不得而知。但版面中被"一记重拳"击穿的"11"，与右上角的版名"11"，还是非常吻合的。

在"网购盛宴""双十一"到来之际，及时发出消费警示，并将提醒内容排于"11"之中，其效果是很好的。对于捋起袖子、即将投入"血拼"的读者来说，可谓是送来一场"及时雨"，"血拼"者必定会一睹为快，并遵照版面提醒谨慎下手。

报纸若能经常为读者设身处地考虑问题，并且早于读者动手、动念之时，定能赢得读者的满堂喝彩。

刊于 2014 年 11 月 12 日《D 壹时间》第 1 版

▲ "双十一"，将 11 月的新闻与大多数人的关系变得如此密切。这不，2014 年 "双十一" 期间，天猫的成交额再创新高，达到 533 亿元！在马云开怀大笑的同时，又有多少 "手痒" 的消费者后悔 "点" 得多了，恨不得想 "剁" 下自己那只不争气的手！

《D 壹时间》美术编辑在版面上用 "买" 字组成了一只正在点击鼠标的右手，也正是那只不断在 "买" 的手，创造了 "53，300，000，000 元" 的新纪录。最后，编辑在做主标题时还不忘调侃马云一句：马云，剁掉的手请收下。

第四节　英文字母

刊于 2004 年 11 月 12 日《宁波日报》A3 版

随着国际化程度的加深，外国涌入中国的人数逐年剧增，同时，看得懂英语、会说英语的国人也在不断增加。即使没系统学过英语，但能说并看得懂"Yes""No""Thank you"等几句简单英文的也大有人在。作为符号的英文字母，自然也成了报纸版面设计中的"主角"。

◀2004 年 11 月 11 日，巴勒斯坦民族权力机构主席阿拉法特逝世。《宁波日报》编前会当晚决定编辑刊发一个国际副刊。那么，到底应该以什么样的版面，来缅怀这位中国人民的老朋友呢？编辑开始寻找新闻中潜在的有益于版式设计的元素。

众所周知，阿拉法特的"V"字形手势是他的标志性手势，版面编辑从这一点获得灵感，认为"V"字较能代表阿拉法特。于是，将字母"V"放大来处理整个版面，即以"V"作整体造型，突破分栏局限，设计出了独具风格的版式。在"V"字底纹上，编排了阿拉法特传奇一生的数个经典"瞬间"。编辑还特意在版面左上角放了一张阿拉法特摆着"V"字形手势的照片，来引导指示版式的设计意图。版面也通过"V"字自然划分出区块，使不同角度的新闻稿件或图片都拥有自己的落脚点，编辑思路更加清晰且易于阅读。

▶小区内有 2000 多户业主，但是车位只有 700 多个，基本上是 10 户业主只能用 3 个车位。于是，从前一天的凌晨 5 点多开始，北京市丰台区鸿业兴园小区的不少有车业主便开始露天排队，等候物业为他们办理车位租赁手续。

《京华时报》（图见下页）美术编辑在设计版面时，巧妙地运用了"停车"英文单词 Parking 的首个字母"P"，也就是我们熟知的停车场的标志来做版面创意的元素。反白的"P"字在深蓝底的映衬下显得大而醒目，标题、文字及图片巧妙地嵌入其中，形成了独特的视觉效果。

▼2019 年 6 月 8 日，升格为国家级展会的中国—中东欧国家博览会暨国际消费品博览会，在宁波首次亮相。为展示宁波对外开放的国际形象，《宁波日报》版面编辑在设计上突破常规，利用跨版通栏都市夜景灯光秀图打底，并创意性地勾勒出英文"WOW"（感叹词）的造型，营造出强烈的盛会喜庆氛围和开放城市宁波的现代气息。

用英文字母设计版式的诀窍在于：版面编辑必须充分掌握新闻信息，深入了解新闻人物、事件及相关背景，在新闻事件和新闻人物中寻找潜在的且最具个性的元素；字母不能拿来就用，务必做到形式服务内容，形式能使内容锦上添花；只有紧贴新闻、内

刊于 2010 年 12 月 21 日《京华时报》A4 版

涵丰富、逻辑清晰的版式造型，才能做到既传达信息，又符合主题内容，更具观赏性，令人阅读后回味无穷。

刊于 2019 年 6 月 8 日《宁波日报》第 4、5 版

第二章　版面背景求变

编排是一种有生命的、有性格的精神语言，相同的图形和相同的色彩，通过不同的编排，可以表达完全不同的情绪和性格。[①]因此，版面编辑完全可以利用版面这一特殊的"舞台"，来传递出不同的语言，也就是我们经常说的版面语言。

鲜明的个性是版面构成创意的灵魂。如果一个版面都是由单一化与概念化的内容构成，那么它留给人们的记忆就不会有多少，也就更谈不上出奇制胜了。因此，要敢于思考，敢于别出心裁，敢于独树一帜，在版面构成的设计中多一点个性而少一点共性，多一点独创而少一点一般性，只有这样，才能赢得消费者的青睐。[②]如果将版面当作一块写字板，那写字板的背景必须常换常新，这样才能避免读者产生审美疲劳。

版面背景求变，可以在动态背景、表意背景、烘托气氛背景上做文章。

---

① 艾青，陈琳，毕丹.版面编排设计 [M].2 版.武汉：华中科技大学出版社，2014：10.
② 艾青，陈琳，毕丹.版面编排设计 [M].2 版.武汉：华中科技大学出版社，2014：15.

第一节　动态背景

在编排版面文字时，比较时尚的手法是让版面的背景动起来。让平面媒体的版面动起来，这并不是不可能做到的事情。在版面设计中，若能巧妙地应用动感元素，并略加一些艺术手法，便能使版面背景的内容动起来。富于动态的背景，能让平时看惯摸起来平平、看起来也平平的报纸读者顿觉新鲜刺激，十分有趣。

动态背景求变，又可细分为上下移动、左右移动、中心跃动三种。

▼《北京晚报》此版嵌入了一位手持"新闻版块"的人物图片，整个版面便有了上下移动的走势。仔细看，仿佛手持"新闻版块"的这位"老兄"弯着腰，一直在调皮地上下晃动，不让人好好看。列位当读者的，必须快速浏览"新闻版块"中的四条新闻。否则，这位老兄两手一"松"，就没得看了。

刊于 2009 年 7 月 18 日《北京晚报》第 9 版

刊于 2010 年 10 月 27 日《潇湘晨报》A19 版

◀《潇湘晨报》这个版面也是采用嵌入人物图片的手法。不同的是，哈利·波特手持"新闻版块"的走势是左右移动。读者阅读这个版面时，也得"小心"擅长魔法的哈利·波特给你来个左闪右躲。

▼《华西都市报》此版采用的是中心跃动的手法，两只手一左一右同时掀开"封面纸"，露出标题和正文。读者还得抓紧时间读标题、看新闻，万一时间一久，两位"老兄"的手累了，那便如演出"谢幕"一般，全场一片漆黑了。

刊于 2009 年 4 月 1 日《华西都市报》第 17 版

第二节　表意背景

所谓表意背景，就是在版面上营造一种特殊的背景，为版面设计师表情达意所用。当版面内容在文字、照片等元素表达上还差一点点"火候"，或者文字的表达方式过于抽象时，美术编辑常常会借助一些背景的应用，让版面内容的表达呈现更多层次、更多视角，从而弥补文字、照片本身在表意上的单一性。

▶由于照片配备少，内容概念相对抽象，财经类版面是插画、背景等图片、图形、图例出现频率最高的版面类别。但《三湘都市报》这个版面却以整个版面背景来作插画，并在插画中讲述故事：一帮人通过攀爬梯子，争先恐

刊于 2009 年 12 月 25 日《三湘都市报》T01 版

后登上高高的城墙，抢夺开满"金色花朵"的财富树。特刊大标题《大赢家》和刊首语《花开在眼前》的内容恰恰在这幅既是背景又是插画的图片中得以生动展现。

刊于 2010 年 6 月 18 日《南湖晚报》南非
世界杯特刊

◀看到《南湖晚报》这个版面，视线怎么都无法避开这个大大的"嘶"字。因为人们习惯叫马拉多纳为"老马"，所以老马狂叫自然是"嘶"。版面编辑选字还是相当精准的。

从版面元素的布局来看，马拉多纳无疑是这则新闻的主角，一幅张开大嘴高喊、手指直指前方的照片，引人注目。美术编辑删繁去冗，不仅把马拉多纳从身在球场边的照片里抠出来，还出人意料地配以一个大字来作背景，同时以文字本身的含义来概括马拉多纳的"所作所为"和情绪，连版面的标题都省了！

▼每逢中华传统节日，《东南商报》的版面就会做一中国风式的打扮，深受读者和同行的赞许。这不仅能提醒整天忙于事务的读者"佳节到了"，同时通过美术编辑精心设计，提炼出每个传统节日的个性化元素，对传承中华传统文化意义深远。

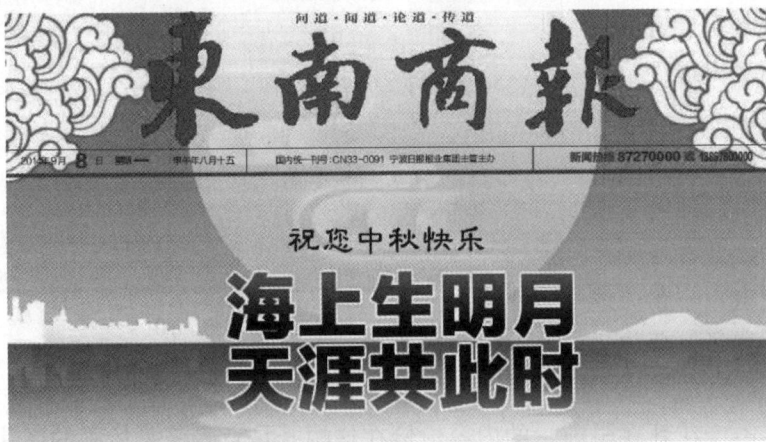

刊于 2014 年 9 月 8 日《东南商报》第 1 版

本版是为中秋节而作。海平面上升起的一轮圆月凸显出中秋节"团圆"的个性特征。将唐朝诗人张九龄《望月怀远》诗句"海上生明月，天涯共此时"作为主标题，并配上引题"祝您中秋节快乐"，还有报头两旁的祥云等背景的衬托，无不在表达编辑部对读者由衷的祝福。

▼法国巴黎一剧场遭遇一伙恐怖分子"血腥屠杀"，死亡人数达128人。《宁波晚报》用第1至第3版，强势刊发这一震惊世界的惨案。头版用的是新华社发的一张悼念照片，立于墙角的三支蜡烛、两朵玫瑰、一封悼念信，倾诉着人们无尽的哀思。

或许是想到了其他报纸也会选用此图，美术编辑灵机一动，在版面左边加了一幅巴黎地标性建筑埃菲尔铁塔的剪纸图案。这一背景图案的插入，在点明地点的同时，也使版面呈现了与众不同的效果。

刊于 2015 年 11 月 15 日《宁波晚报》第 1 版

第三节 烘托气氛背景

在版面设计中，为了烘托一种气氛，或为了配合版面主体内容的需要，美术编辑会有意识地在版面上布置一个背景，这犹如剧团里面的美术编辑在舞台上布置背景一样，既有装饰作用，又能让读者产生身临其境的感受。

刊于 2011 年 2 月 10 日《浙江日报》第 1 版

▲ 2011 年春节后，浙江省领导带头参加植树活动，各地也迅速行动，为建设生态浙江付出自己的一份努力。《浙江日报》在头版破天荒地布了一个淡绿色背景，并在上面点缀了些许碧叶嫩枝。这样的处理，既与全省上下全力打造绿色家园的版面内容十分契合，更喻示着经过大家齐心努力，浙江定会变得空气清新、绿满大地、生机盎然。

▼为了反映夏季特殊的闷热和雷雨天气，《东方卫报》在头版布置了水珠背景，连报头也没"放过"，并将水珠巧妙地"嫁接"至图片之中，仿佛图中的雨点也如水珠一样大。这种夸张的手法，表现了雨势之猛。再细读标题，"热""雷""雨"分开读是凉快了，可连在一起读还是热，这说明尽管有大雷雨"帮忙"，但人们的感觉还是很闷热！

于是，读者不禁对这一版面采用清凉的淡蓝色布景有了更深一层的理解：原来，这些水珠的背景不仅仅是表现连日的大雷雨，更是表达出广大深受闷热夏天煎熬的读者发自内心的期盼——早点遇上清凉自如的好天气！

刊于 2011 年 6 月 22 日《东方卫报》第 1 版

刊于 2010 年 7 月 23 日《东莞时报》第 1 版

▲来自普宁的 4 名初中生暑期来到东莞打工，因未成年被诸多工厂拒收后失踪，下落不明，《东莞时报》随即在报上刊登寻人启事。为了突出这一令人揪心的启事，他们不惜"血本"，在头版这块"寸金宝地""张贴"整版寻人启事，充分彰显了编辑部寻人心切、尊重生命的人文关怀。

在版面处理上，美术编辑用一堵砖墙作为版面背景，将寻人启事的内容与 4 张照片张挂于墙上。这堵砖墙，设计得十分醒目，足以吸引读者的眼球，引导人们齐心协力伸出援手。因为 4 名失踪初中生下落不明，这一背景设置又喻示着报纸要以推倒这堵墙的勇气，想尽办法揭开孩子失踪之谜，千方百计早日找到那些失踪的孩子。

▼"五月五，是端阳。门插艾，香满堂。吃粽子，撒白糖。龙舟划，喜洋洋。"一首宁波民间歌谣，包含了宁波人的各种端午习俗。美术编辑给版面底色"涂"上了黄颜色，背景纸都泛黄了，可见端午节在我国历史之悠久。

《东南商报》整个版面紧紧围绕端午节"食粽、赛舟、辟邪"三大习俗布局：上面有粽子，下面是划龙舟，左侧竖着艾草，右上侧还露出几片艾草叶子。这些背景的添置，无疑营造了版面浓郁的节日气氛。

刊于 2014 年 6 月 2 日《东南商报》第 1 版

刊于 2014 年 6 月 8 日《宁波晚报》第 8 版

◀副刊版面与新闻版面的区别，除了内容外，其形式应该也有所不同。《宁波晚报》这个版面主要写了余姚梁弄镇老街——晓岭街，以及鄞州区塘溪镇沙村的三株"名"树。在版面处理上，编辑特意用了一张晓岭街最具代表性的"小源和"老宅照片，并将其裁剪成"顶天立地"状，将文字嵌入老宅的白墙中；另外，选了一张樟树配图，置于《沙村的三株"名"树》一文之上。这两张配图作为背景，与文章内容浑然一体，营造的是一种古朴淡雅的版面意境。

对着那悠远恬静的场景，读上一段段娓娓道来的文字，实在太有诱惑力了，莫名地便滋生出一种想要立马打包行李前往探幽的冲动。

刊于 2016 年 1 月 4 日《东南商报》第 1 版

◀由于冷空气"缺位"，暖湿气流占据主导地位，愣是在"二九"天里拗出了"初夏"的造型。户外，甚至有年轻人穿起了短袖，海棠、玉兰也稀里糊涂地在冬季里竞相开放……2016 年 1 月 4 日，宁波市区最高气温达到 21.5℃，刷新历史同期最高气温纪录。

为表现这一另类的气象特征，《东南商报》美术编辑将图片作为版面的主角，烘托出"暖冬"的氛围。街头穿着"春夏秋冬"各色服装的路人无疑是最抢眼的，而早开的海棠、玉兰也是"暖冬"的明证。版面中央的一个"暖"字，更是确立了版面的基调。

第三章　版面其他编排元素求变

　　版式设计，无疑是一个艰辛的创作过程，也是对设计者的思想境界、艺术修养和技术知识的全面检阅。[①]想要达到意新而又形美、变化而又统一，并具有审美情趣，设计者必须具备相应的文化涵养，并娴熟地掌握各种时新的技术表现手法。

　　爱美之心，人皆有之。追求美的形式是人的天性，人们通常会不自觉地被美的东西所吸引并打动。作为视觉传达设计的一部分，符合设计主题的完美形式会使整个设计更加具有吸引力，使信息的接受过程成为一个视觉享受过程，并提升阅读的愉悦感。[②]这也就是纸媒人经常强调的，用精美的版面来吸引读者的眼球。

　　在版面设计中，为了追求新颖独特的个性化表现，设计师会有意制造某种神秘、无规则的空间，或者以幽默、风趣的表现形式来吸引读者，引起共鸣，这是当今设计界在艺术风格上的流行趋势。[③]在版式设计过程中，如果能用尽可能少的结构特征，把复杂的编排元素和信息组织成有秩序的整体，这样的版式设计就是简洁的。[④]由此，我们可以得出这样一个结论，时尚、简洁、个性，是版式设计发展的铁律。

　　所谓版面其他编排元素，是指除文字、背景以外的报头、标题、底纹、线条等元素。要使这些元素的编排发生变化，美术编辑必须打破固有的编排方式，或者说是突破传统的版面设计结构，大胆地加入个性化的手法，进行尝试，尽情发挥，完成独特的版式创意。

　　具体来说，可以通过报头求变、标题求变、线条与底纹求变、编排求变等手法，来实现版面其他编排元素的变化，并创作出效果不错的版式。

---

① 艾青，陈琳，毕丹．版面编排设计 [M].2 版．武汉：华中科技大学出版社，2014：14.
② 盛希希，唐立影．版式设计 [M]．北京：北京大学出版社，2013：22.
③ 艾青，陈琳，毕丹．版面编排设计 [M].2 版．武汉：华中科技大学出版社，2014：8.
④ 盛希希，唐立影．版式设计 [M]．北京：北京大学出版社，2013：27.

第一节　报头求变

　　所谓报头，就是报纸刊发报名的地方。报头是报纸的商标和眼睛，是区别于其他报纸的标志。一般来说，报头是固定在报纸的一个位置，极少变动的。但是，为了让自己的报纸版面表现得与众不同，或为了满足特殊的版式设计需求，一些美术编辑开始尝试在报头上求变化。

刊于 2011 年 11 月 3 日《新晚报》第 1 版

　　◀报头移动位置，是报头求变最常用的手法。大多数报纸会根据版面需要，使用报头变色、横排改竖排、加底纹或字反白等变化手法，以求视觉新鲜感。《新晚报》为了配合横式图片竖排的编排需要，不仅将标题与图片说明"竖排"，还将报头也跟着倒排成竖式。乍看，似乎是对报头的"大不敬"，然而只要读者拿起报纸往右旋转90度再翻阅，不就成了一张十分规矩的报纸了吗？由此，我们也能微微识出美术编辑在报头求变上的一丝新意。

　　▶报头与整个版面有机统一，且能做到融为一体，是报头求变中追求的最高境界。《东方卫报》这个版面编排无疑是极具创意的，头版的第一层覆盖的是"兰考官方对火灾事故的通报摘录"，因为其内容是官话套话一大篇，忍无可忍的美术编辑顺手从中间将其"撕"了开来，"撕"出了报头，"撕"出了《官话套话随时受不了》这篇文章。因为左边有报头"撑腰"，这篇文章理所当然成了报纸的社评，表明的是报社的立场和观点。

刊于 2013 年 1 月 11 日《东方卫报》第 1 版

　　报头及文章抢眼的套红反白，与白纸黑字的"官方通报"形成了强烈的反差，一方是旗帜鲜明、铿锵有力，另一方则是遮遮掩掩、苍白无力。

　　▼在营造版面一种强烈的信号或特殊的氛围上，报头也可以通过变化来助"一臂之力"。每年的 5 月 31 日，是世界无烟日。为了强调这一特殊的日子，《厦门商报》不惜将报头中的"门"字改为禁烟标志。这一不管自己面子豁出去的做法，并没有让读者对《厦门商报》的报头产生误读，反而会让读者读懂报纸倡导禁烟、营造社会文明氛围的坚强决心。

刊于 2011 年 5 月 31 日《厦门商报》第 1 版

第二节 标题求变

标题是新闻的"眼睛"和"窗口"，通过这双"眼睛"，能吸引受众接受信息；通过这个"窗口"，能引导读者正确理解新闻的内容。[①]标题是吸引读者阅读新闻的主要工具，美术编辑有充分的理由，出色地完成报纸标题的美化工作。

标题制作完成后，最终还需在版面上以各种形式加以体现，也就是通过适合表现主题内容的形式，对标题加以包装，即对其进行排版设计，使标题变得非常具有视觉震撼力。[②]在设计编排标题时，为了吸引读者的注意，美术编辑常常会使用字体、字号变化，或是对标题字进行特殊的装饰处理，这就是标题在编排上的求变。

在标题编排的变化上，又可细分为"标题编排立体化""标题作图""题图互动""标题竖排""标题异排"等五种手法。

1. 标题编排立体化

所谓标题编排立体化，就是运用光影、虚实、明暗对比来编排标题，让读者能清晰地看到标题的上下、左右、前后三维关系，手摸上去是平面的，眼看上去却是立体的，有突出的前景和深邃的后景，让标题变得富有动感。

标题编排立体化，打破了传统平面媒体编排中一成不变的"惯例"——摸起来平平、看起来也平平，对平时看惯了四平八稳、编排规整的报纸标题的读者来说，无疑是一种新的视觉感受和享受，可谓赏心悦目，过目难忘。

刊于 2009 年 6 月 29 日《重庆商报》第 14 版

---

① 忻志伟，周骥. 报纸新闻标题制作与编排艺术 [M]. 上海：复旦大学出版社，2014：2.

② 忻志伟，周骥. 报纸新闻标题制作与编排艺术 [M]. 上海：复旦大学出版社，2014：164.

◀在中超赛场上，青岛中能队主场输给了河南建业队，赛后双方球迷发生大规模的"武斗"。《重庆商报》（图见上页）以"丑陋"作标题，谴责了这一场"闹剧"。

版面编辑巧妙地将"丑陋"两字"移植"至冲突的画面中——左边穿白色上衣的球迷手臂高高扬起，"穿越"了"丑"，这就是"丑"！右边穿绿色上衣的球迷手指向前伸直，"扶住"了"陋"，这就是"陋"！编辑用立体的编排手法，让读者清晰地看到了这一"丑陋"的事件。

▶"颠覆传统""拒绝平庸"是众多新闻设计师扎根于骨子里的渴望，一旦让他们放手一搏，读者就能享受愉悦的"视觉大餐"。为纪念京沪高铁通车这一历史性的时刻，《扬子晚报》推出了特刊。美术编辑大胆采用海报形式编排特刊封面。在标题编排中，巧妙地利用"京"字和"沪"字的两个口，穿插了一辆"和谐"号高铁列车。"和谐"号自北向南，呼啸而过。

立体，让京沪两地变得如此之近；立体，又让汉字变得如此奇妙。这就是标题编排立体化的魅力所在。

刊于 2011 年 6 月 27 日《扬子晚报》T1 版

2. 标题作图

在版面编排中，图片是不可缺少的元素，美术编辑经常会因为找到一张好图而兴奋不已，当然，也会因为无图而心急如焚。如果无图，美术编辑无疑会面临"巧妇难为无米之炊"的窘境。那么，该如何摆脱这一窘境呢？用标题来充当图片的角色，可能是一个不错的选择。

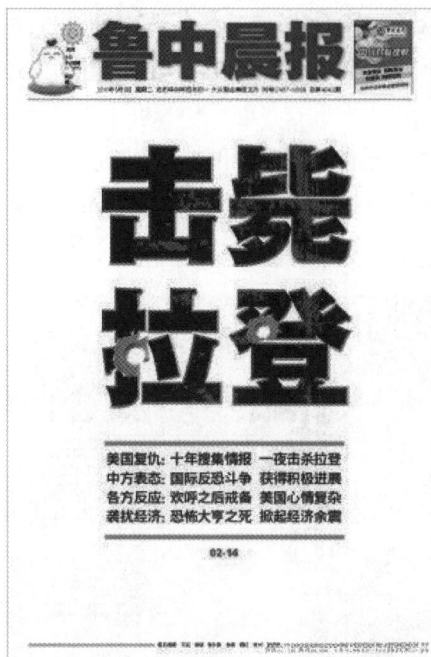

刊于 2011 年 5 月 3 日《鲁中晨报》第 1 版

◀标题作图，就是利用新闻内容的特性，在标题上进行艺术加工，从而产生图片的效果，即在无图的情况下，用标题来替代图片，并发挥图片的作用。

美军突袭队接到情报后迅速出击，成功击毙头号恐怖分子本·拉登。后来出于宗教及其他因素的考虑，美军未公开相关图片，报纸自然也无法用图片来反映这一震惊世界的新闻事件。于是，《鲁中晨报》美术编辑巧妙地在标题上做起了文章，"拉登"两字分别各"挨"了美术编辑一枪，这两个又大又圆的枪眼，足以告知读者：本·拉登已经毙命。

▶深挖标题文字隐藏着的视觉元素，能绽放出别样的风情。《重庆时报》的这个体育新闻版，主要内容是介绍 4 名中国籍海外球员接连遇上喜事的新闻。起初该报用了"大四喜"这个标题，但美术编辑从中国传统红双喜上得到启发，将标题改成了"喜喜喜喜"，一个"喜"字被重复之后，视觉效果立刻跃然纸上。

刊于 2007 年 2 月 26 日《重庆时报》第 16 版

刊于 2011 年 3 月 17 日《钱江晚报》A2 版

▲通常情况下，在无新闻图片的时候，美术编辑会找一些资料图片来"凑数"，但见报效果肯定也会因此大打折扣。日本遭遇海啸地震后发生核泄漏，我国居民害怕今后生产的海盐不安全，盲目地跟风抢购食盐。在处理这一稿件时，发张居民购盐的图片或配上一张袋装食盐的资料图片是众多报纸采用的手法，但这几张图片尤其是袋装盐的图片，读者眯着眼睛也能想象得出来。

于是，《钱江晚报》的美术编辑就开始了与众不同的创举，仅仅是在标题"盐"字上进行了特效处理，海蓝色的字上撒了些白色的盐花，以标题作图，简洁又极富个性。

▼有时候，有了相应的配图，但效果还不够好，或远远没有达到美术编辑期望的极致境界，此时就得依赖标题作图这一招来烘托。如《贵州都市报》这个版面，姚明左脚受伤，接受第九次手术。美术编辑在处理这一稿件时，只配了一张姚明受伤后坐在板凳上痛苦无奈的小照片，而放大了标题"姚明"两字，将"明"字右边的"月"拉长，在酷似巨人姚明的"月"字左侧"绑"上了绷带，点明姚明的伤痛位置。这一大一小的反差，既突出了姚明伤势的严重性及球迷的担心，也表明了竞技体育的强烈对抗性及超高风险性。

试想，若美术编辑当初只配一张姚明受伤时的大照片以及坐板凳的小照片，其效果肯定无法跟见报的设计相提并论。美术编辑在有图的情况下，还执意使用标题作图手法，这一有意行为，体现的是美术编辑超凡的功力和不甘平庸的闯劲。

刊于 2011 年 1 月 8 日《贵州都市报》A14 版

3. 题图互动

时尚的版式设计，对标题的编排提出了极高的要求。题图互动，成了标题编排的一种精妙技法。

所谓题图互动，就是根据图片的特殊形态或内容，顺势引出标题，先图后题，以达到题图呼应、题图互动的效果。

此技法以图为主，以题为辅，对图片的要求比较高，图片一定要内涵丰富、生动耐看，且能顺势造型。因此，对美术编辑，也提出了一个新的要求，那就是必须要具备一双慧眼，能从众多的图片中，挑出具备与标题互动的潜质并能为己所用的好图来。

▶《提线木偶》的标题编排很有创意。《东南商报》版面上图是三位艺人正在聚精会神表演木偶戏，细线延伸下来挂了"提""线""木""偶"四个字，每个字两端设有两个孔，上引两条线，随着上面艺人的手法变幻，下面标题的四个字也随之上下晃动、左右摇摆。这不就是名副其实的"提线木偶"吗？

▼富有动感，是题图互动的一大特色。在《生物入侵》的标题编排中，《海南日报》（图见下页）版式设计者将隐匿于树丛中的外来生物有意"捉"了出来，置于主标题之上。不一会儿，三只虫子便清醒过来，顺着

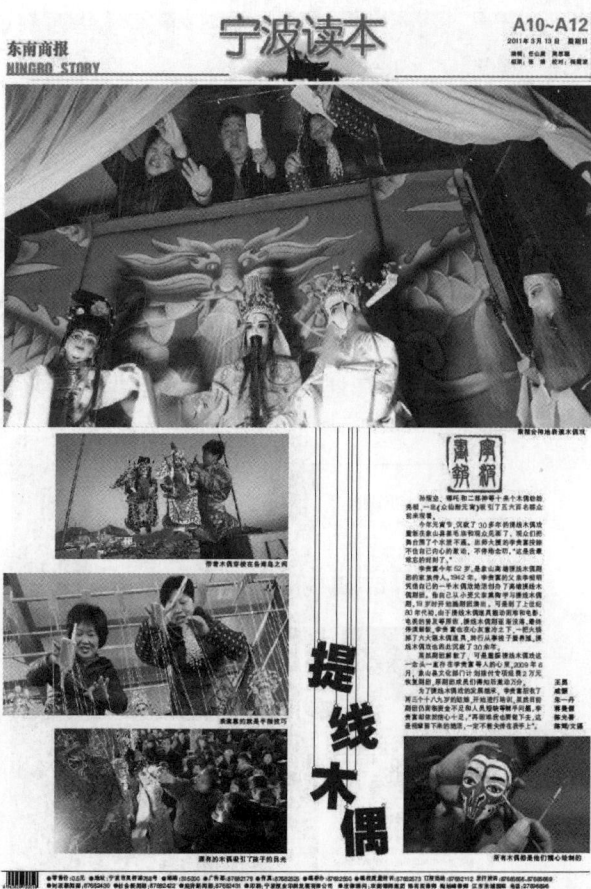

刊于 2011 年 3 月 13 日《东南商报》A12 版

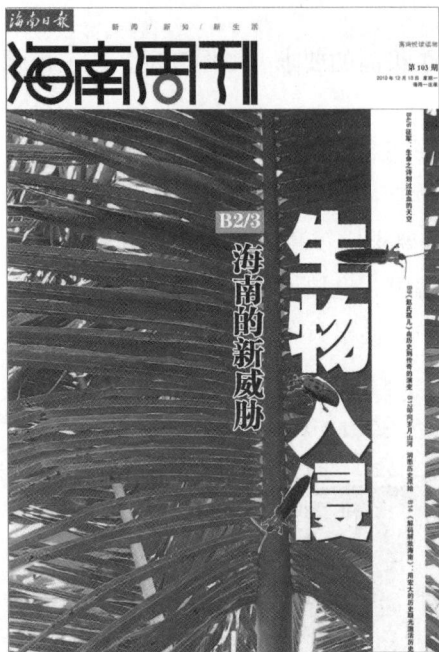

刊于 2010 年 12 月 13 日《海南日报》B1 版

"生""入""侵"三个字的笔画爬动，标题也顺势"动"了起来。可以想象，待虫子爬远后，标题的笔画必将为之大乱，而青绿宁静的背景图片也将一片狼藉，"生物入侵"的危害性由此可见一斑。

▼ NBA 芝加哥公牛队 23 号，是一代球王乔丹的球服号。NBA 联盟决定收回 23 号球衣，以纪念这位伟大的球星。在《再见 23 号》的标题编排中，《华西都市报》设计者巧妙地将"23"两个数字"嵌"入图中，且保留了与球服原号码一致的字体和色彩。

"23"既能成为标题，又能为图片效力，一物两用，题图互动，相得益彰。

4. 标题竖排

如今，版块式版面的标题基本上是以横排为主，其讲究的是形式上的高度统一。然而，一味地强调横题，标题编排重复使用一种模式，难免让人产生

刊于 2009 年 2 月 18 日《华西都市报》第 10 版

刊于 2010 年 12 月 31 日《新商报》第 35 版

视觉疲劳。在版式处理上，偶尔排上几个竖标题，定会让人有特别新奇之感。理由在于，这既符合"物极必反"的原理，也合乎读者"喜新厌旧"的习性。

　　▲《新商报》这个版面的引题和主标题均是竖排，在版面上一通到底。在细节处理上，蒙牛集团、伊利集团两位董事长的照片也是配合标题排成竖式，引题加了三条红色竖网线，主题后的红色感叹号有意拖长，版面右下部再加一黑一红两条竖线。这些手法的运用，在形式上加剧了版面的竖势，在内容上突出了"一滴牛奶一对宿敌""互施黑手屡屡突破竞争底限""'超限竞争'拷问企业家精神世界"这一主题。

▼《华西都市报》此版的引题、主题、副题为竖排，且加了橙色的色块，色块的底部仿佛就是跑道的终点，竖式色块又将版面巧妙地割成了两半。

这一割，分明道出了版面编辑的两句大实话：一是版面中的两位主角用的是合成图片，刘翔和"四川刘翔"并非在同一赛场上；二是"四川刘翔"与刘翔还是有差距，而竖标题的宽度似乎就是目前他俩之间的差距！

刊于 2009 年 4 月 14 日《华西都市报》第 10 版

▶《江南晚报》这个版式很有个性，版面上部是古建筑的屋顶，主标题和题注就是顺着古建筑屋檐之势竖排而下，版面的左右两边稿件虽为横排标题，但由于整个版块呈纤细修长状，其仍为竖势。

这些竖态元素的应用，凸显了小娄巷古建筑挺拔秀丽的特点，使版面的内容与形式得到了完美的统一。

▼网传有宁波"大阿嫂"之称的史翠英公司倒闭，《东南商报》（图见下页）独家在《新闻雷达》版面上进行求证。美术编辑在版面中采用直排略带倾斜的标题，并在标题右侧自上而下"撕"开了长长的纸条，纸条内藏着的是网络上的各种跟帖和猜测。这表明此条稿件是由网传而来，纸媒记者随即跟进采访进行求证。

刊于 2009 年 4 月 4 日《江南晚报》A2 版

版面上一"撕"到底的手法，既与《东南商报》记者勇于揭开真相、刨根问底的踏实采访作风相吻合，更体现了《东南商报》重量级版面——《新闻雷达》迅捷捕捉、网罗信息，让各种传闻无处藏身遁形的版面风格。

5. 标题异排

当标题行数较多、数量较多时，处理好标题本身也成为版面设计重要的内容。为此，美术编辑可能要采用非常规手段来进行标题的特殊编排，我们且称之为标题的异排。

刊于 2014 年 6 月 12 日《东南商报》第 3 版

　　2010 年，网络上一家以售卖衬衫为主的电商网站，在其广告页面设计上大量应用文字元素。不同的字号、不同的字体、不同的色彩，随机组合成协调的图案，给网民留下了深刻印象，大家就以网站名称命名这种风格的编排为"凡客体"。

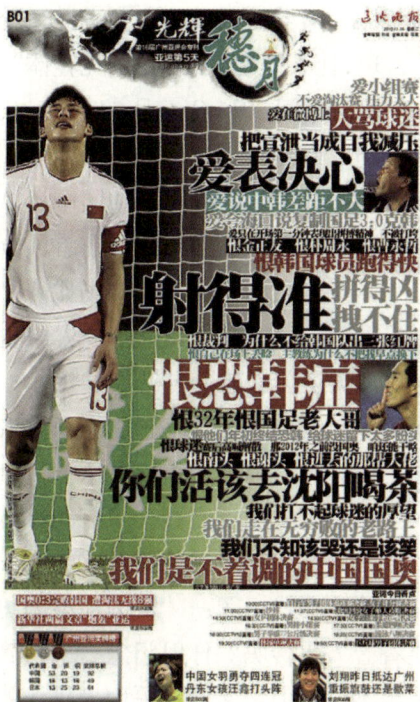

刊于 2010 年 11 月 15 日《辽沈晚报》B01 版

刊于 2012 年 8 月 13 日《东莞时报》B01 版

　　▲《辽沈晚报》亚运会期间的一个体育版，延续了该报以文字作为主要视觉表现元素的亚运特刊风格，类似"凡客体"。那天正值国奥队 0∶3 输给韩国队的日子，设计者将新闻事件通过短语、短句，以新颖的标语样式排布于整个版面，用幽默、滑稽的语言对赛事进行总结，反而让本因输球而心情郁闷的读者也能会心一笑，畅怀开颜。

　　▲伦敦奥运会落下帷幕的同时，吐槽比赛不公的口水盛会也由此拉开帷幕。

　　在主标题周围，《东莞时报》版式设计师通过对多排文字进行不同字体、字号、长度、宽度，以及色彩和底纹的编排，结合右边"呐喊者"的图片，描绘了一个直觉主体，将这个封面打造得令人印象深刻。而读者也会情不自禁地仔细阅读文字内容，关心起那些口水不绝的"主角"。

刊于 2011 年 6 月 24 日《都市快报》B10 版

◀看到该版面对标题的处理，让人立刻联想到了"凡客体"。北京时间 2011 年 6 月 24 日凌晨，2012 年伦敦奥运会足球项目亚洲区预选赛第二阶段，中国国奥队客场对阵阿曼国奥队，在首回合 0:1 告负的情况下，本场比赛又以 1:3 失利，中国国奥队与伦敦奥运会提前说再见。

与众多国人一样，《都市快报》的编辑也是熬夜并痛苦万分地看完了这场比赛，所有的郁闷和无奈，汇聚成激愤而略带解气的连珠式标题："黄健翔说国奥不像是在踢阿曼，是在踢巴萨……你传中能看着人再传吗？你射门怎么不射到月亮上……"抛开标题的语气和用词是否妥当不说，但当天标题采用异排式的效果是值得肯定的。

▶如今，过洋节在中国年轻人中也流行了起来。2014 年 6 月 15 日，是西方的父亲节，是营造家庭和睦氛围的最佳契机。为此，《D 壹时间》美术编辑在版面上用布料"堆"了一个"爸"字，里面包含了胡须、领带等爸爸特有的个性元素。两边几条"领带"印上标题，横着读过去就是"这周日爸过节，要让爸开心快乐，要给爸一份礼物，还要给爸一个拥抱"。末了，美术编辑还在版面下方拖着长音提醒大家："别！忘！了！"

你说，看了这么独特的标题编排和"卖萌"版面，谁还会忘了父亲节

刊于 2014 年 6 月 13 日《D 壹时间》第 1 版

是何日，而你又该干些什么吗？

▶ 2014 年国内、国际年度字词公布，反映的是发生于刚刚过去的一年中
的国内、国际上的大事，《东南商报》将其置于田字格中作为标题醒目地标注出来，便于读者记忆。

在编排十大网络用语的标题时，美术编辑充分展示了"蛮拼的"工作作风，启用黑板将十大网络用语用不同的色彩展示出来，还特意从网络上找了最具代表性的图片围绕四周，整个标题编排清新活泼，给人以"萌萌哒"的感受。

需要强调的是，标题求变，一般针对主标题。对于中标题、小标题这类要素，设计时基本上还是秉持"不要过度"的原则会比较好。因为凌乱的版面会造成阅读困难，最好保持在"既能吸引目光，但又容易阅读"的程度上。[①]变而不乱，方为设计之最高境界。

刊于 2014 年 12 月 20 日《东南商报》第 1 版

---

① SE 编辑部. 新·版式设计原理 [M]. 曹茜，译. 北京：中国青年出版社，2013：106.

第三节 线条与底纹求变

线条与底纹是版式设计中最基本、最常用的装饰手段。线是决定版面形象的基本要素，具有引导读者视线和引发情感的作用。不同类型的线具有不同的性格特征，例如：水平线具有平稳、明快、通畅、速度的特点；垂直线具有挺拔、庄严、力量、运动的特点；曲线则具有感性、优雅、柔美、节奏感强的性格特征等。[1]

面是无数点和线的组合，在版面中占据的空间较多。相比点和线来说，面所形成的视觉冲击力更加强烈。面是各种基本形态中最富于变化的视觉要素，具有平衡画面、丰富空间层次的作用。[2]在版面设计中，面比点、线的视觉冲击力更大，面的不同形状会给人带来不同的心理感受，它具有长度、宽度和形状的特征。[3]在具体操作中，面在版面上往往是以底纹的形式呈现。

换言之，随着线条和底纹的不同变化，读者翻阅版面时所引发的情绪也会发生不同的变化。

在实际应用中，可以借助粗线条、大面积色块、边框实物化、图形化等手法，来实现底纹、线条的变化。

1. 粗线条应用

线的粗细变化，从视觉的角度来讲，其呈现效果也有所不同。细的直线能够传递冷静、严谨、远离的感受，而粗的线条具有一定的长方形的特性，显得更加凝重。[4]

---

[1] 艾青，陈琳，毕丹.版面编排设计 [M].2 版.武汉：华中科技大学出版社，2014：23.

[2] 盛希希，唐立影.版式设计 [M].北京：北京大学出版社，2013：34.

[3] 艾青，陈琳，毕丹.版面编排设计 [M].2 版.武汉：华中科技大学出版社，2014：23.

[4] 苑平.版式设计 [M].北京：中国劳动社会保障出版社，2014：25.

　　变动，是美术编辑在版面创意中必须面对的一个问题。试想，当读者每天面对少有变化的"老面孔"版面时，再要他提起精神来读报，恐怕是件相当痛苦甚至是非常难的事。然而，变动对于美术编辑来说，同样是件异常痛苦的事情，如何能做到版面天天有变，而且要变得令人眼前一亮并啧啧称赞，恐怕不杀伤些许脑细胞、不白上或丢掉几根头发均无法出色完成。幸好，总有那么一些聪慧而又勇敢的美术编辑，坚守"求变"信念，哪怕在最基本的线条和底纹的应用上，也要尽量变出个性，让读者一饱眼福。

　　▶变出个性，就要求美术编辑在版面编排中打破常规，不按常理"出牌"。如《山东商报》这个版面，美术编辑在处理日本核泄漏专版时，一反常态，有意在版面中部用折线画了一个超大的流水状，将《毒水入海》这一主稿嵌入其中，标题部分黑反白，折线使用超粗黑，"黑"代表着"巨毒"。流水状一通到底，巧妙地将版面一分为二，仿佛是在形象地展示这股害人的毒水正在汹涌地渗入版面左右的"大海"中。

　　仅仅是使用了线条和底纹这两个最常规的元素，美术编辑就轻松地"变出"了个性。

刊于 2011 年 4 月 3 日《山东商报》A26 版

刊于 2012 年 7 月 5 日《新快报》A03 版

▲在编排这个版面时，美术编辑利用左侧灰色的底纹，衬托出一张"报中报"。这张报的报头与头条标题均是倾斜的，与报纸略斜的姿态一样灵动又飘逸，看完这版文章内容，读者或许会情不自禁地去"翻动"这张报纸，有一种想看看下一版内容的冲动。

2. 大面积色块应用

在平面构成中，与点和线相比，面占有最大的空间面积，同时孕育着强烈的情感表达。相对于点和线来讲，面具有更实在的质感和更形象的视觉表现力。[①]而大面积的运用，其视觉冲击力更强。

———————————

① Sun I 视觉设计 . 设计时法则：版式设计法则 [M]. 北京：电子工业出版社，2012：23.

▼一场重要的网球赛预告，怎么在版面上以独特的方式来处理，并突出其重要性，让读者关注到这个版面，进而关注这场赛事呢？《东莞时报》别出心裁、视角独特，把网球场搬上了版面，从俯瞰的角度把版面瞬间变成了球场，再加上两名运动员传神的打球动作照片，仿佛这场球赛已经开始了。

刊于 2011 年 1 月 27 日《东莞时报》B01 版

值得注意的是，整个版面也就是"球场"全部用一种蓝色，那是美术编辑用尽力气在读者脑子里留下的蓝色。

▼表现春节消费的主题，中国红无疑是必选的，即使存在类同，大多数美术编辑也会做出同样的选择。

那么，如何做到与众不同呢？《扬州时报》不仅使用了大面积的中国红，还让大色块担当另一个角色——红红的城墙。这一下子使得大色块鲜活了起来，再加上其他元素的联手烘托，春节氛围跃然纸上。

▼大色块的使用，既有标志性的色彩选择，也有联想式的色彩选择，但对色彩调和的把握能力要求就更高些。

在这个纪念香港回归10周年的版面中，《现代快报》美术编辑没有一味地拘泥于国旗、香港特别行政区区旗的主色调红色，而是采用跳跃式思维，从紫荆花入手，大色块选择了紫色和黄色，或者也可以说是紫色和金色，加上两种色块本身在色系上的"冲突"，让整个版面做到了既协调又出色。

刊于2007年2月26日《扬州时报》B01版　　　刊于2007年7月1日《现代快报》T1版

3. 边框实物化、图形化

在版面编排中，边框的应用是最为常见的一种手法。其作用无非有以下两点：一是将版面中的各类新闻区分开来，有意突出边框内新闻的重要性；二是美化版面，边框能让版面产生匀称、整齐、对比、大气的装饰美。

按传统手法，边框往往是用排版系统中固有的几种线条或网纹来表现，至多再加些许色彩或渐变。显然，这些传统手法已远远不能满足当今报纸编排创新的需要，以及读者审美情趣日益增长的需求。为此，爱动脑筋的美术编辑开始创新，大胆突破传统边框抽象化的手法，用图画，准确地说是用生动形象的实物作边框，给人以耳目一新的感受。

边框实物化手法中所用的实物，又可细分为实景、图案、色彩三种边框。

（1）实景式边框。顾名思义，实景就是将真实的景物作为边框。

▶全国重点文物保护单位天一阁是中国现存最早的私家藏书楼，也是亚洲现有最古老的图书馆和世界最早的三大家族图书馆之一。《宁波晚报》将天一阁的青砖黛瓦、高墙飞檐的实景作为边框的上部，再用同色线条顺势勾出边框。

读者在阅读此文时，定会有身临阁内、亲闻书香之感。可以说，此边框一加，实现了内容与形式、传播与阅读的完美统一。

（2）图案式边框。图案式边框是用绘图的方式，画出实物充当边框。

刊于 2011 年 11 月 7 日《宁波晚报》A02 版

▼2011年11月11日，出现罕见的6个"1"，是21世纪最热门的"单身节"。杭州一辆55路公交车装扮一新，内贴6张求"脱光"单身公交男司机的照片，并附自我介绍及联系方式，摇身变为一辆"约会巴士"。

《钱江晚报》美术编辑用卡通的手法绘出这辆"约会巴士"，作为文章的边框。车顶上"11.11.11"采用的是抠图手法，其图案内容是毛绒玩具和五彩幸运星的场景，既有装饰作用，又是对新闻内容的有意烘托。

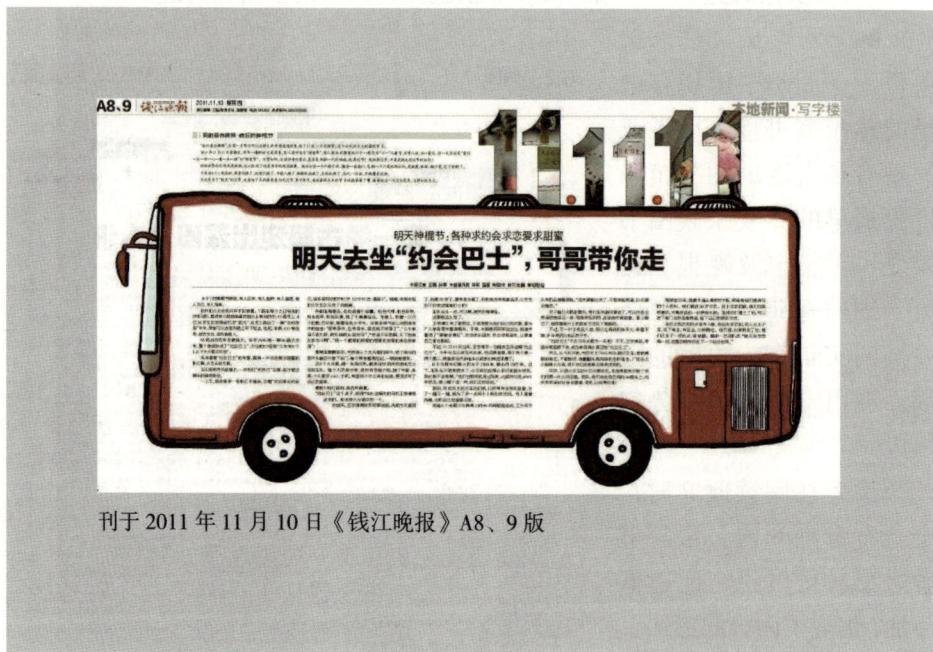

刊于2011年11月10日《钱江晚报》A8、9版

私拆无效

温馨提示>>>

你的档案 该去哪里找

一、曾当过知青的市民，除原户籍在成都市东、西城区，且随学校下乡的，可去市档案馆查阅外，其他的皆在下乡所在地的县(市)区档案馆保存；

二、市属破产企业职工，目前市档案馆只接受了原成都二轻行会移交的档案(截至2005年)，查阅其它市属破产企业的档案，建议先电话联系。

三、市档案馆只保存成都市市级机关的档案。如果你的单位是省属企业，请与省档案馆联系，电话：87660582；如果你的单位是区属企业，请与区档案馆联系(1991年前属东城区的请到现锦江区档案馆，原西城区的请到现青羊区档案馆)；生产组性质的企业，档案应在街道办事处所在地的区档案馆。

链接>>>

卖自己的档案
也违法

前日，市民林凯(化名)在媒体上宣称，要以3000元价格出售自己的干部档案，这份档案包括入党申请、部队鉴定、提干、工资调级等内容，记录了其60年的人生经历。"这属于违法行为。"成都市档案局相关负责人昨日表示，他们相信这位市民不知道出卖个人档案也会触犯法律，他们会立即与这位市民取得联系，向他宣传《档案法》，同时联系其所在单位，建议他们追回档案予以保存。

市民涂改的档案：三个"同意"明显出自一人之手(上)；私刻的公章中出现了"街道道"字样。

刊于2010年12月3日《天府早报》第18版

▲与上例相比，该版边框的绘图工夫少了很多，但效果极好。在制作边框时，《天府早报》美术编辑先布置一块灰黄色底纹，然后在上部"修"出档案袋折叠的部位，最为巧妙的是，在档案袋的上沿部位"安"上了一个按钮。这一妙举，顿时让档案袋"活"了起来：沿着折叠线往下一折，然后绕线扣上按钮，这不就是一个封实了的档案袋吗？

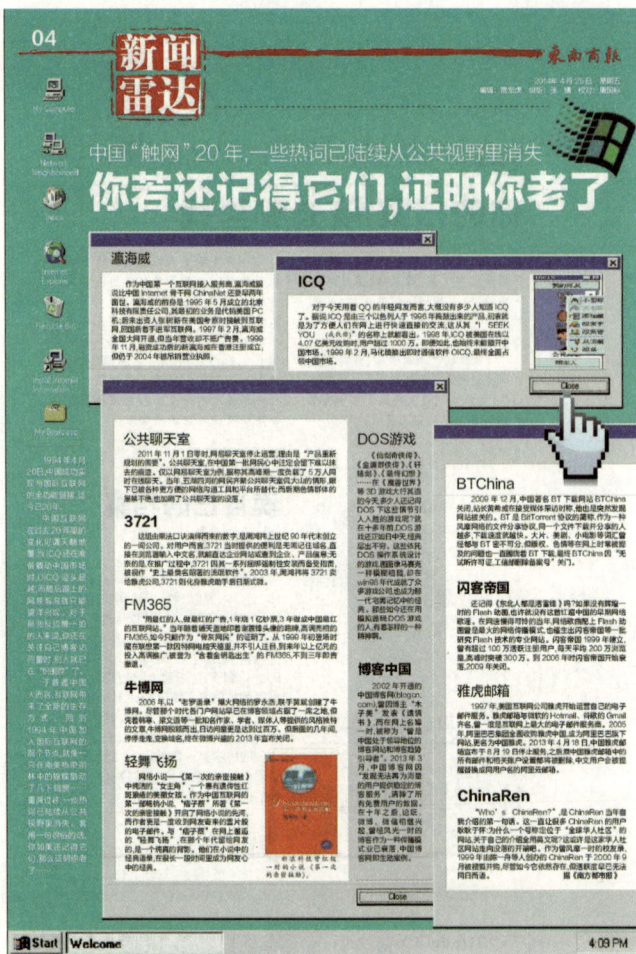

刊于 2014 年 4 月 25 日《东南商报》第 4 版

▲ 20 多年前，中国成功实现与国际互联网的全功能链接。

对于普通人而言，"触网"给大家带来了全新的生存方式。

为纪念这一历史性的时刻，《东南商报》推出了一个整版。版面编辑采用电脑屏幕显示方式来设计版面：把电脑桌面当作版面背景，铺上一层绿色，作为电脑显示屏独有的色调，将"瀛海威""ICQ""公共聊天室""闪客帝国"等久违的网络热词安排在一个个"窗口"内。这一图案式的边框设置，让读者感觉读报就如同在电脑屏幕前看新闻，真是妙不可言。

（3）色彩式边框。色彩式边框是对边框进行色彩装饰，使其具有标志性和指示意义。在黑白印刷时代，边框造型种类繁多，使用范围主要限于文字框和图片框。随着彩色印刷的普及以及版式设计的不断发展，目前报纸版面上的边框在形式上趋于简约，在色彩上却日益丰富，并被充分地运用于版面的整体设计，成为现代报纸不容忽视的视觉元素。

其实，大多数读者在阅读报纸时，不会主动留意版面上边框的颜色。然而，这恰恰是不为众人所关注的视觉元素，可为报道内容锦上添花，为版面增加吸引力和舒适感，为读者营造一种身临其境、感同身受的视觉体验。

▶每当遇到大事件，很多报纸都会集中力量进行专题报道，反映在报纸形式上就是出专刊、特刊。这时，版式设计者为了使专刊、特刊在视觉上形成统一的整体传播效果，体现该刊内容的属性和个性，都会专门设计封面及版式，其中彩色的版面边框常常被运用。

《羊城晚报》刊发的《青藏攻略》特刊就使用了多种颜色组成的粗边框来包围特刊版面，而且色彩皆选取自青藏地区各少数民族服饰的色调。

刊于 2006 年 6 月 26 日《羊城晚报》C5 版

▼从符号学角度来讲，单色或色彩组合都存在着指示的功能。2006 年世界杯期间，德国国旗的黑、红、黄三色成为众多报纸世界杯专刊、特刊的首选色调，《苏州日报》在特刊中就使用了这 3 种颜色组成的粗边框，读者一看到这个色彩组合，就可知晓报道内容为德国世界杯足球赛。

刊于《苏州日报》2006 年德国世界杯足球赛特刊

刊于 2015 年 2 月 17 日《东南商报》第 1 版　　　刊于 2015 年 2 月 22 日《宁波晚报》第 1 版

▲每年除夕，《东南商报》的头版总是被装点得那么喜庆，又那么有诚意。此版请了宁波美术界重量级人物——宁波市美术家协会主席何业琦大师"捉刀"，奉献给读者一幅吉祥的生肖年画；然后，《东南商报》总编、诗人王存政配上一首诗；再用中国传统的剪纸作边框。一画一诗一框合出的是喜庆祥和的"年味"，送上的是满怀真情的祝福。读者欣赏之余，定会产生一种满满的幸福感。

将头版完全腾空，不发一条新闻，看似有点不务正业，但在老百姓心中，那"过好年"可比任何新闻都重要啊！读者关注的头等大事，就是最有分量的新闻。

▲为充分传递过年时的那份喜庆之味，《宁波晚报》美术编辑将头版设计成"灯笼"状，灯笼四周用喜鹊攀上梅梢的传统剪纸图案作边框，祝福读者"喜上眉梢"，快乐过年。

灯笼的上半部分是大幅的"喜羊羊"图片，下半部分是三条与春节有关的新闻导读。整个版面端庄祥和，年味十足。

▼有了从手机上获取新闻的习惯，还需要报纸吗？这也是纸媒人都在关注并思考的一个问题。《东南商报》记者樊卓婧从自身的经历和感悟，委婉而生动地论证了纸媒尤其是《东南商报》存在的必要性，尽管个别理由还有待商榷，但其直面问题的勇气，毫不掩饰的坦露，发自内心的真诚，细致入微的说理，足以让绝大多数的读者觉得言之有理。

这封以彩色信笺为边框的告读者信，既是记者的一篇感悟之文，也可以说是《东南商报》的订报广告，两者结合得十分巧妙。即使作为广告阅读，读者也会觉得娓娓动听，入耳入脑。此文下面刚好有一个老年人优惠订报活动的导读标题。上下搭配，是巧合，还是有意为之？

刊于 2015 年 10 月 18 日《东南商报》第 1 版

第四节　编排求变

现代报纸的版面语言包括文字、图片、线条、色彩等。在设计编排版面的时候，美术编辑往往比较注重后三者的选择、运用和变化。而代表着人类文明的现代文字，大多都是从象形文字发展而来。这就意味着文字都带有图形的本源，从广义上讲也是视觉元素的一种。

文字又恰恰是报纸版面最主要的元素，占据着最大的比例。因此，可以让文字发挥作用、闪现亮点，使版面光彩熠熠。其中，对于正文而言，报纸版面的分栏其实就是一种视觉手法，但因为分栏有较为死板的规矩，视觉效果并不独特。

设计师对版面的分布有这么一种理解：上部给人以轻松、愉快、积极、扬升的感觉；下部给人以下坠、压抑、沉重、消沉、稳定的感觉；左侧令人感觉舒展、轻便、自由、富有动感；右侧则给人局限、拘谨、拥挤、紧凑而又稳重的感受。[①]人们的阅读习惯在通常情况下是按照从上到下、从左到右的顺序进行的，版面的左侧也往往会比右侧更容易得到注意。依据这种视觉习惯，版面的上部一般适合编排标题等主信息，使内容传达比较直接明了，下部逐次放置段落文字等次要信息。左侧适合放置图形、图像等醒目的视觉元素，而右侧相对稳定，一般放置大量文字信息[②]。但在实际操作中，尤其是主张版式创意时，有个性的新闻设计师往往会打破常规，施出奇招来吸引读者的眼球。

▶《深圳商报》年尾出版的文化专刊邀请了设计名家为版面操刀。这个版面打

刊于 2006 年 12 月 31 日《深圳商报》B7 版

① 修艺源，王晓峰．编排设计 [M]．北京：中国水利水电出版社，2013：47.
② 陈建勋．现代设计元素·版式设计 [M]．南宁：广西美术出版社，2006：35.

破分栏常规，将每篇小文章单独编排成各种几何形状，并在细线条的辅助下喷发出文字平常难以表现的动感和立体感。不过，在使用版面其他编排元素来实现版式变动时，还应注意，并不是所有的版面都要变动，甚至是大变动。我们应遵循的原则是：变动的应用必须是与版面内容相符，能为版面增光添彩；变动的手段必须是新颖的，能给人带来惊喜；变动的效果必须是上佳的，让人赏心悦目的。

▼还是《深圳商报》的文化特刊，这个版面看似总体布局规规矩矩，比如左右对分两半，各自从上往下堆列。但是，设计师首先给整个版面内容注入了一个"视觉系统"，即"升值+""贬值-""虚增+"，然后对各个盘点的内容进行标识，反而使得版面规矩中有破例，错落间有逻辑。

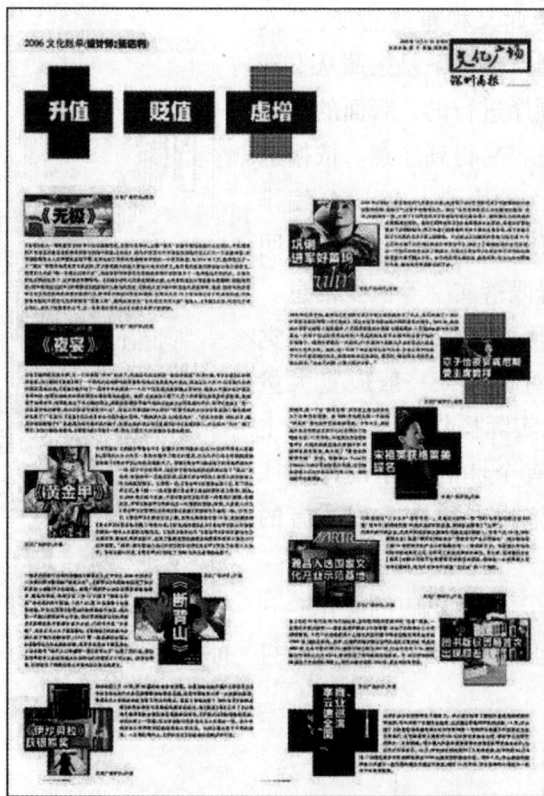

刊于 2006 年 12 月 31 日《深圳商报》文化广场版

刊于 2010 年 8 月 30 日《半岛晨报》T05 版

▲这是一个对易建联进行图解式报道的版面。《半岛晨报》美术编辑将一组组数据和一个个镜头瞬间，围绕主图按扇形进行有规律的排列，其中还以图表形式插入，对数据可以进行更好的解读。元素排列有规律，整个版面却打破常规，十分吸引眼球。

刊于 2014 年 1 月 1 日《东南商报》第 1 版

◀元旦献词本是编辑部常规性的动作，若对其进行创意式编排，则很有意思。《东南商报》编辑在版面上"折"了一个纸马。"纸"指报纸，"马"指农历马年将至。版面下部还"折"了天一阁、鼓楼、杭州湾跨海大桥、宁波博物馆等"宁波元素"，然后将元旦献词《你好 2014》的正文部分沿右→中→下方向穿插于这些纸折品中。

献词的编排与内容一样是活泼可爱的，献词的字体字号又是多姿多彩的，呈献给读者的是个"卖萌"的版式，还有一大堆满满的祝福。

▶宁波地铁 1 号线文化墙的亮相，成了当地媒体关注的焦点。《东南商报》版面利用照相机广角镜拍摄的效果在上方排出了"西门口文化墙"，下方则利用各个文化墙固有的走势，分别排出了江厦桥东、东门口、鼓楼、梁祝等车站的文化墙。

这一交叉的排列方式，既让人感觉焕然一新，又符合地铁四通八达、纵横交错的特性。

刊于 2015 年 10 月 12 日《东南商报》第 1 版

刊于 2014 年 5 月 14 日《东南商报》第 7 版

▲《东南商报》此版刊发的是高新技术成果展内容，有图有文。若没有美术编辑超强的整合、补图和编排能力，这种近乎完美的版面效果，恐怕读者是无缘得见喽！

美术编辑在都市报头版排版中的作用非常重要。头版是报纸的招牌，只有用心将头版经营、包装好，才能吸引读者的眼球，并能带动后面几个版面并肩出彩。对于编辑部来说，做好了头版，一张报纸至少成功了一半。

▼《东南商报》版面标题为《今天的新闻都是头条》，这无疑有些夸张！一般情况下，每个版面只有一个头条，最多再来个倒头条，一块版面最多两个头条。那为何编辑硬要在版面上说出五个头条呢？

从版面编排中，版面编辑为读者道出了理由："国家公务员考试今天开始报名"和"国家对住房公积金出新规"，这些提醒类稿件绝对称得上头条；本市的"办理新版市民卡坐地铁可享六折优惠""东钱湖邀您免费捕鱼"也很有新闻性；另外，港口博物馆明天要开馆，精美的展品提醒大家赶紧去一睹为快，这些自然都是头条。看完整版，我们不得不承认：该版虽有夸张之嫌，但因其能"自圆其说"，读者也只能作罢，不予"深究"。

在版面编排求变中，要注意：编排虽求变，但往往是细节求变，而整体不变；整体突破，而细节坚持编排规律。如此，才能真正处理好变与不变的关系，才能真正把握住版面的尺度。

刊于 2014 年 10 月 15 日《东南商报》第 1 版

中篇　图片运用创意

随着印刷技术和手段的不断提高，文字已不是信息传达中的唯一"语言"，而图形则以其自身的传递优势被称为当今的"第三语言"。图形在版面中已经成为不可或缺的一部分，无论是整个版面的主要点还是次要点，图形在信息的传达和交流过程中都起到关键作用，在视觉表现上能达到文字所不能达到的效果。①

有人专门做过统计：图片在版式设计中占有很大的比重，视觉冲击力比文字强85%，在视觉上可使版面立体、真实，具有强烈的视觉冲击力和导读效果。②所谓"一图胜千文"，讲得就是这个道理。

图片最基本的功能是记录，同时还有艺术和信息交流等功能。在版式设计中，同一幅图片放到不同的情境中会产生不同的效果。③在编排中，除使用本身具有趣味的图片外，还进行巧妙的编排和配置，从而营造出一种妙不可言的空间环境。在很多情况下，虽然图片平淡无奇，但经过巧妙的组织后，可产生神奇美妙的视觉效果。④这些都表明，在版式设计中，图片的功效是非常强大的。

心理学家认为，在一个限定的范围内，人们的视觉注意力是有差异的。注意力价值最大的地方是中上部和左上部。上部让人感觉轻松和自在，也是视觉中心对比最明显的地方，下部和右侧则让人感觉到稳重和压抑。版面上部视觉力度强于下部，且左侧强于右侧。这是人们在长期的生活中形成的视觉习惯，也正是这种自然的习惯，形成了一定的视觉流动规律。⑤根据这个视觉原理，美术编辑在设计版面时，就要把重要的信息或图片放在上部"最佳视觉区"，

---

① 艾青，陈琳，毕丹．版面编排设计 [M].2 版．武汉：华中科技大学出版社，2014：55.
② 苑平．版式设计 [M].北京：中国劳动社会保障出版社，2014：71.
③ 盛希希，唐立影．版式设计 [M].北京：北京大学出版社，2013：77.
④ 艾青，陈琳，毕丹．版面编排设计 [M].2 版．武汉：华中科技大学出版社，2014：8.
⑤ 艾青，陈琳，毕丹．版面编排设计 [M].2 版．武汉：华中科技大学出版社，2014：37.

以便能让整个版面在最短的时间内抓住读者的眼球。

图版率低的版面阅读性较低，版面比较沉闷，而图版率高的版面具有强烈的视觉冲击力，更有创造性，能吸引人们的注意，提高阅读兴趣。[①]然而，版面中的图片也不是越大越好，图的数量更不是越多越好，其大小、数量需要根据内容、设计而定。该大的时候要大，该小的时候要小，大小最好要搭配，除了图片专版，一般版面的图片数量也要适中。在图片的编排中，要强调其与文字的和谐统一。

美术编辑可以通过再现新闻现场、营造版面氛围、聚焦精彩细节、引导视觉流程等方式，对图片的编排进行创意。

---

① 艾青，陈琳，毕丹．版面编排设计 [M].2 版．武汉：华中科技大学出版社，2014：57.

第四章　再现新闻现场

　　新闻写作，十分注重现场感。然而，有些突发事件是一瞬间发生的，记者不可能时时在现场，目击到这一瞬间。大多数情况是，记者接到消息后，第一时间赶赴现场，捕捉一些现场残留的痕迹，采访当事人，或向现场目击者和附近的群众询问情况，向主管部门核实消息。在还原现场时，记者的手法跟公安人员酷似。因为自己毕竟不在现场，故而写出来的新闻，其现场感也必定要大打折扣。

　　如果有记录现场一瞬间的图片，其效果肯定比成百上千的文字描写要生动得多。然而，这种照片可是千金难求啊！怎么办呢？动手能力极强的美术编辑便会发挥自己所长，运用图表、"实景照片＋绘图"两种形式来再现新闻现场。

　　需要强调的是，美术编辑创意应以真实的现场环境为基础，突出纷繁现实的典型，与新闻追求时效性与真实性的原则结合，使编辑主题在追求真理的同时，更具信息量，更具真实感，更具说服力。[1]因此，美术编辑也必须要潜心学习新闻业务知识，努力成为一位名副其实的新闻设计师。

---

[1]　满都拉.美术编辑创意手册 [M].北京：电子工业出版社，2013：18.

第一节　运用图表形式

在报纸排版中，图表的应用已越来越普及。所谓图表，就是将数值视觉化，以使人容易理解的工具。[①]制作精良的图表，不仅能一一不漏地再现新闻的诸类要素，更能通过照片与手绘的配合，还原新闻的现场感。

一般来说，在版面的编排中，图表往往作为文字的辅助元素，与照片一样，充其量当个"配角"，而动摇不了"主角"文字的地位。难道图表只能作为"配角"使用？新锐的美术编辑自然有点不服气，他们大胆地向这一传统发出挑战：在版面的编排中，将图表作为"主角"使用来描述新闻，甚至还原新闻现场。

▼《羊城晚报》在处理河源、阿里两地发生地震的稿件时，采用的就是图表式排版，一张图片、三个标题、三块文字加上深绿色底纹，组成了一个简单的图表。贯穿上下的几条折线代表着地震仪上显示的强弱波段，配以倾斜的标

刊于 2012 年 2 月 18 日《羊城晚报》A3 版

题"河源""阿里"，使图表产生了些许动感。

说实话，这种图表的编排是相当简单的，责任编辑与组版人员稍加配合，便可搞定。

---

① 徐丽. 版面设计艺术 [M]. 北京：化学工业出版社，2012：82.

▼ 2011 年 3 月 11 日，日本东京发生强震，随即引发海啸及核泄漏，全球为之震惊。《新京报》用连版的形式做了一个大图表，美术编辑尽其所长，生动地重现了这一人类特大灾难发生后 10 天内的情况。读者仿佛成了外星人，在太空上鸟瞰了人类遭遇的这场灾难。

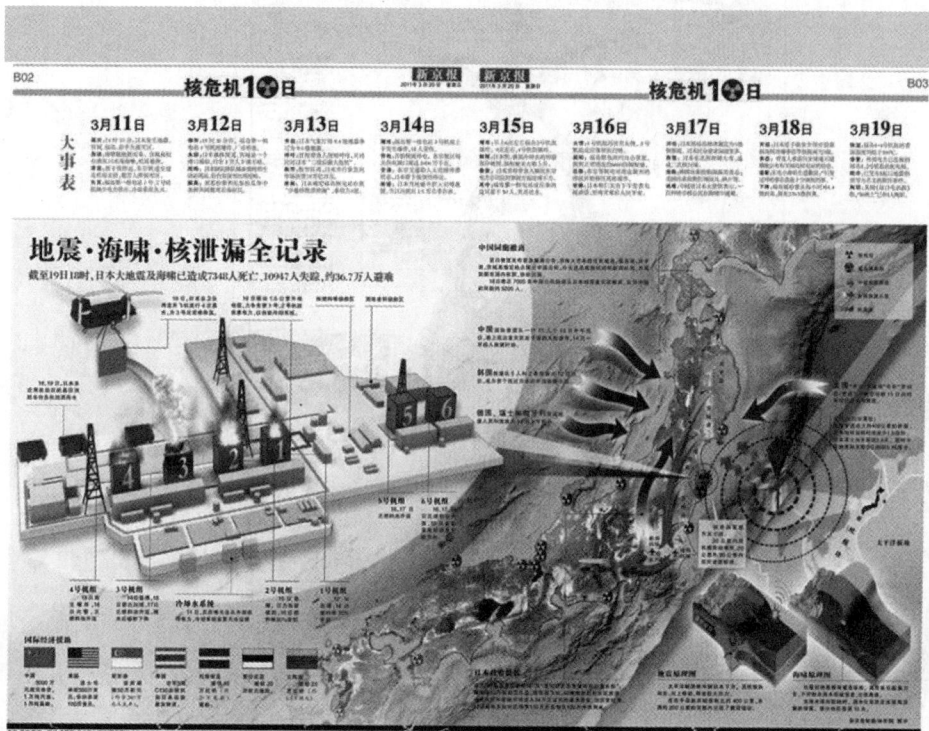

刊于 2011 年 3 月 20 日《新京报》B02、B03 版

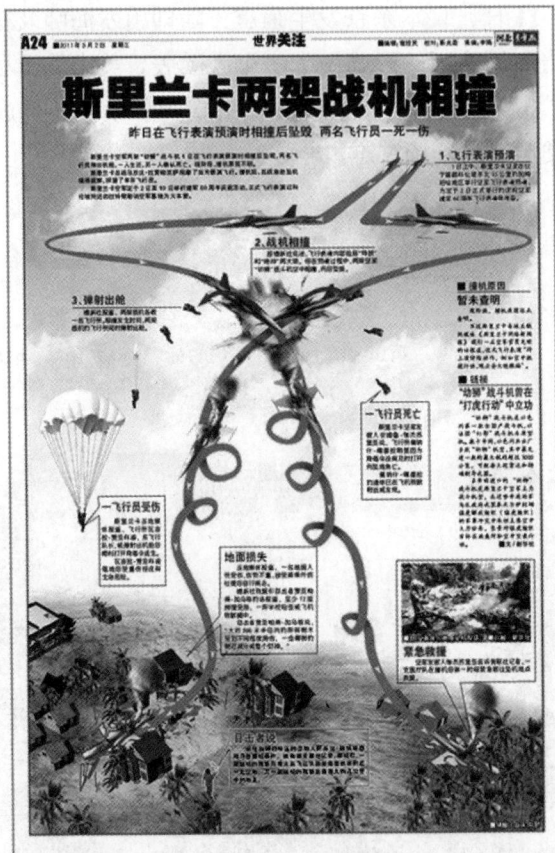

刊于 2011 年 3 月 2 日《河北青年报》A24 版

▲为了形象地展现斯里兰卡飞行表演中发生的战机相撞事故，《河北青年报》将图表放大至整个版面。读者可以清晰地看到：两架战机沿着两条红线呼啸而来，左右分开，划出一条弧线后迎面相撞，然后坠毁于地面。左侧战机的飞行员成功逃生，而右侧战机的飞行员因未及时打开降落伞而丧生。

在这里，文字只是作为一个"配角"，零零碎碎地分布于图表的缝隙处，捎带着将事故的"五要素"告知读者。

从版面的效果或是方便阅读的角度来讲，《河北青年报》《新京报》的这种处理手法无疑是最高明的，其直观效果和现场感是再多的文字、再生动的语言都无法表达的。当然，在上述两个版面的编排中，美术编辑的作用是极其重要的，他是"主角"，是灵魂，而责任编辑只能当个"配角"，起些文字审核、事实把关的作用。

　　▼一位 50 多岁的病人因为用热水泡脚十几分钟，结果导致双脚截肢。这一新闻确实很吓人！医生为此提醒有糖尿病、风湿病等基础疾病的患者：不宜用热水泡脚。按常规排法，《东南商报》头版只需将这条新闻做个醒目的导读便可。然而，美术编辑没有就此罢休，主动"跳"出来，在版面上画了一幅精致的插图，详尽地标出人体的几个关键部位，并标注出"危"字。这个图强烈警示读者若人体这几个部位不好，泡脚就得十分当心了！

刊于 2015 年 11 月 13 日《东南商报》第 1 版

刊于 2020 年 2 月 3 日《宁波晚报》第 1 版

可以说，这是对新闻的一次再加工。其呈现的视觉效果是文字所无法比拟的，相信读者也能深深体会到美术编辑的良苦用心。

▲ "摒牢"，宁波话的意思就是"忍住"。在新型冠状病毒肺炎疫情暴发期间，《宁波晚报》要求读者"做好个人卫生，避免到人群集中地，尽可能减少和陌生人近距离接触的机会，就足以应对威胁"。头版《"摒牢"咋摒摒，日子这样过》一文，以图表导读的形式呈现，告知读者商场、超市、菜市场、外卖、交通、就医、银行、政务服务、招聘、公安机关服务、婚姻登记服务等日常衣食住行的服务指南。在要求读者"摒牢"的前提下，尽可能地提供便民服务信息，这是合乎人性的，体现了媒体的温暖。

第二节 运用"实景照片+绘图"形式

美术编辑运用"实景照片+绘图"的手法来还原现场，也就是在现场拍摄的照片上，绘上关键人物或事物，"复活"新闻现场和过程。与纯图表形式还原新闻现场相比，"实景照片+绘图"的形式，给人的感觉更真实。

刊于 2012 年 2 月 2 日《钱江晚报》第 1 版

▲在温州街头，一辆本田雅阁追尾撞上了一辆价值 1200 万元的劳斯莱斯，对方估价修理费高达 200 万元，这又是一起"天价车祸"！

按照常规，报纸刊发一张被毁的两辆车的照片就完事了。然而，《钱江晚报》的美术编辑心有不甘，在现场拍摄的照片上，绘上了两辆车和两位行人，并巧妙地穿插于"现场"中，其中手绘的一位行人和照片中骑电动自行车者仿佛就是目击者。两车碰撞点夸张式的"溅射"笔法，其效果极佳。

■协查

傍晚5点多杭十四中门口公交站台旁
姑娘手机被人围抢?
警方委托快报寻找目击者

事发模拟图　摄影/制图 李本献

刊于 2012 年 2 月 27 日《都市快报》A7 版

◀《都市快报》
美术编辑的手法与
上例一样,将现场
"复活",能够帮
助目击者回忆,协
助警方破案。

"老凤祥"遇上很有技术含量的小偷
切断监控,从消防口"从天而降"
警察赶到时,他正钻天花板想跑路

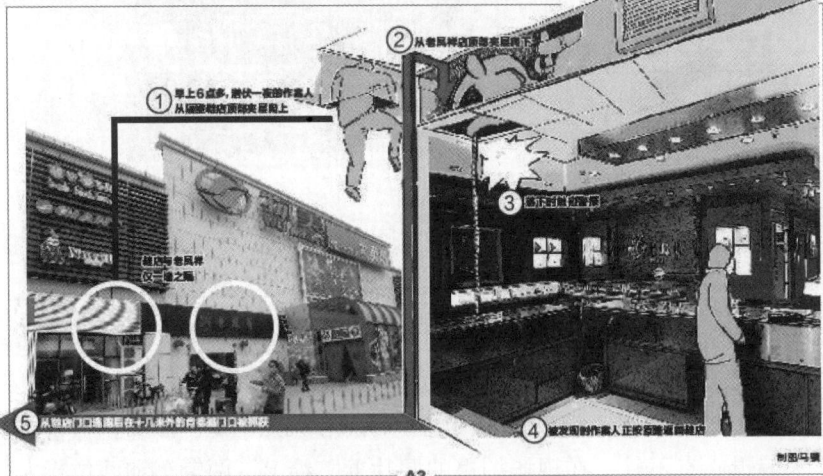

制图 马骥

刊于 2012 年 1 月 8 日《钱江晚报》第 1 版

　　▲《钱江晚报》的处理与前两图不同的是,由于案发地的角度呈立体状,

故而制图者采用外围和内部两张照片（其中室内照片经过变色处理）相拼手法，绘上天花板和小偷的行动轨迹，并按照顺序配上编号和文字简介。

此拼图胜似连环画，将现场"复活"得栩栩如生。

刊于2014年2月11日《东南商报》第1版

◀新落成的宁波火车南站进出站线路比较复杂，很多市民搞不清楚方向。为帮助读者清晰地了解进入火车南站的公交线路，《东南商报》美术编辑在一张火车站公交停靠全景图上标出了11个醒目的公交候车点，并在下面用表列出对应的公交线路及行车方向。这一图表式的标注，充分体现了报纸的服务意识，真正实现了版面编辑想要达到的"宁波站坐公交，一张图看明白"的目的，让读者心里觉得暖洋洋的。

刊于 2015 年 9 月 21 日《东南商报》第 1 版

▲一条反映公交车靠站难的新闻，却硬生生被《东南商报》搞出了笑点不绝的效果——美术编辑调皮地在主图中排成"火车"般的公交车上增添了不同表情和动作，并在车顶方位一一标注了对白，如"快走快走，等到花儿都谢了！""天哪！前面还有这么多，来得真不是时候！"等，拟人化的主标题更是高度概括了公交车的态度——"不能忍！"

看了美术编辑在版面上精心堆聚的笑点，读者肯定会开怀大笑。

刊于 2015 年 12 月 11 日《钱江晚报》A5 版

▲为报道好中国女科学家屠呦呦荣获诺贝尔奖的消息,《钱江晚报》派出记者赴斯德哥尔摩见证屠呦呦领奖的盛典。由于诺奖颁奖典礼安保十分严格,非国家级媒体记者根本进不了现场,所以,《钱江晚报》特派记者只能守在斯德哥尔摩音乐厅门口,边看电视直播边采访。

为了让读者有亲临现场的感受,《钱江晚报》美术编辑发挥了自己超强的能力,根据电视新闻画面,加上对相关新闻报道的"消化",以及前方特派记者的口述和描绘,硬生生用图示还原了诺贝尔颁奖典礼的全景。这既是一种新闻服务,也绝对称得上是一种新闻表现形式的创举。

由于是手绘,"复活"现场的取景和人、物的呈现角度都可以由制图者来主宰,故而制图者的创作余地还是很大的,其可以多拍几张不同角度的图片来供自己选用。同时,"复活"现场所展现在读者面前的也是最佳角度——类似主席台才能看到的画面,而且也能保证画面是最清晰的,这是监控摄像头拍摄的图片所无法比拟的。

新闻强调的是真实。考虑到这是对新闻现场的"复活",制图者也必须细心观察、详尽采访后方能下笔,最后还要请相关部门审图,才能确保"复活"现场成功。

第五章　营造版面氛围

　　日本设计师小森纯子说过："图像是版式的关键！版式会因图像处理效果的不同而变化。"[①]图像在版式设计中的作用是有目共睹的。

　　版式设计，就是创造与版面内容十分相符，又极具设计个性的一种形式的过程。美术编辑的作用便是想尽一切办法，动用一切元素，来为版面营造一种特定的氛围。营造氛围的标准是：内容必须是与版面主题相吻合，形式上能为版面主题增光添彩，同时也能形成一个视觉中心，深深吸引读者的眼球。

　　图片的功能包括：视觉性装饰，说明内容，强调效果和气氛等。[②]若纯粹是说明性的图片，在编排时则要强调简洁、直观，而若是视觉装饰性的图片，则要充分利用其固有的特质，来营造版面浓浓的气氛。

　　具体来说，可以运用插图、简笔画、图案来营造版面的氛围。

---

① SE 编辑部 . 新·版式设计原理 [M]. 曹茜，译 . 北京：中国青年出版社，2013：21.
② 盛希希，唐立影 . 版式设计 [M]. 北京：北京大学出版社，2013：79.

第一节　运用插图、简笔画形式

插图可表现出照片无法呈现的视觉效果，例如营造非现实的画面，或将对象进行简化、变形，是平面设计中不可缺少的要素①。简笔画也是如此。

由于插图和简笔画都是美工创作的，美工水平的高低及个人喜好，会直接影响到插图和简笔画在版式中的实际效果。

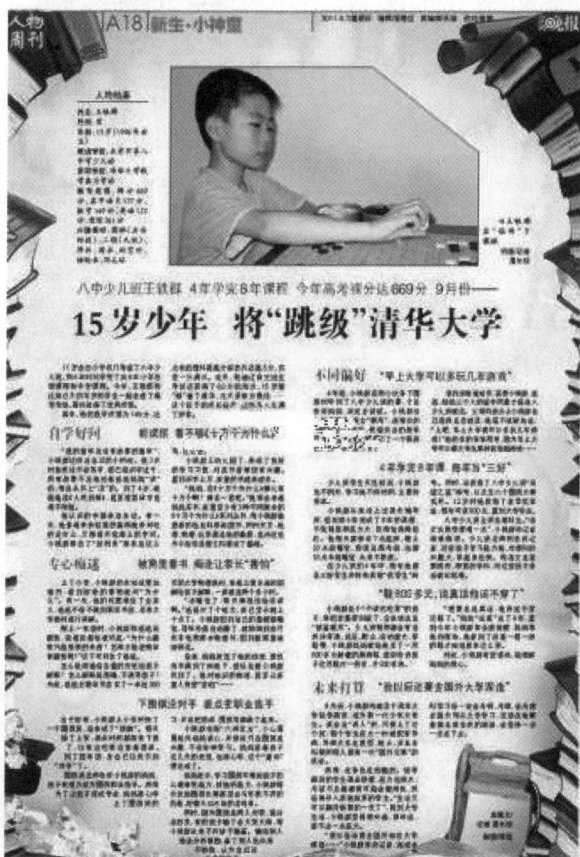

刊于 2011 年 8 月 7 日《法制晚报》A18 版

◀本该与同学一起跨入高中门槛的"小神童"，因为自学能力特强，提前参加高考并取得佳绩，不得不与昔日同学道别，赴清华大学读书。15 岁"小神童"的成功靠的是什么？除了天资聪颖外，还有就是他博览了《法制晚报》美术编辑在版面四周给他堆砌的"书山"。正是这座"书山"，成就了他辉煌的学业之路。美术编辑营造的这一氛围，让人一目了然。

一般来说，文艺类副刊的版式基本上以清新淡雅为主。因此，在版式设计上，要充分利用各种元素来营造版面的"文艺味"。

① SE 编辑部 . 新·版式设计原理 [M]. 曹茜，译 . 北京：中国青年出版社，2013：22.

▶《潇湘晨报》美术编辑在版面中插入了画架、调色盒、颜料，还有一顶花帽子，营造了一个"快乐童年"的气氛，与"周末是用来给孩子放假的"主题十分契合。整个版面色调淡雅，挺有"文艺副刊味"。

然而，我们都知道，这种想法往往与现实截然相反。于是，读者便能理解美术编辑的无奈且带有嘲弄之举：因为"周末给孩子放假"只能算是"童话里的故事"。

▼随着城市化建设的发展，今日的乡村也发生了很大的变化，传统意义上的乡村早已改头换面，或者不复存在了。在发展的大主题之下，众多先觉的作家开始思考"传统乡村的陷落与挣扎"这一话题。

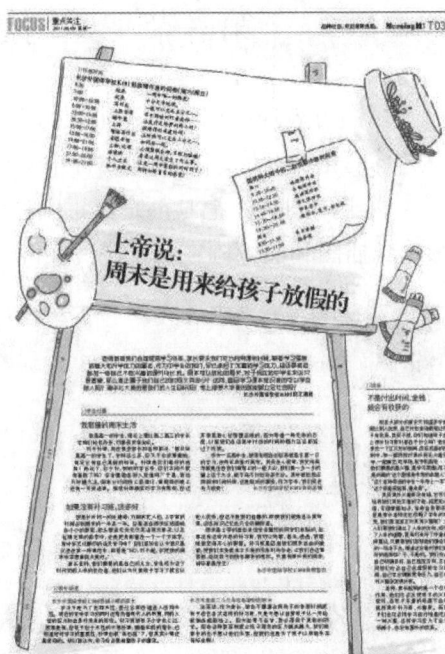

刊于 2011 年 5 月 9 日《潇湘晨报》T03 版

刊于 2011 年 12 月 10 日《新京报》C1 版

为了反映人们对传统的乡村，或者说是对理想中的乡村的向往之情，《新京报》美术编辑在版面中画了一幅插图：夕阳西下，村口的老槐树显得特别巍峨挺拔，农家小屋冒出的袅袅炊烟徐徐腾空，忙完农活的农人扛着锄头高兴地回家……这就是人们心所向往、情所眷恋的乡村。这一特殊氛围的营造，无疑能触动人们对传统乡村的怀念，继而引导社会各界加强对传统村落的保护与拯救。

刊于 2010 年 12 月 19 日《长江商报》A13 版

◀如今，许多报纸在进行新闻报道、版面编排时，不拘一格地创新形式，常常将传统和现代文化元素巧妙地融合在一张张薄薄的新闻纸上，既当版面的插图，又表达报道的内容。

《长江商报》在 2010 年末的盘点特刊《时事新闻图文志》上，插入时髦的网络词汇"给力"和传统唯美的中国印，两大元素"穿越"时空，在版面上碰撞出了阅读的火花。

▼一个地方未来五年的发展规划解读，应该说本身属于"硬"度较高的新闻报道，如何用适当的图片来诠释？在《新京报》特刊里，版面设计师通过象棋这一中国元素的解构重组，十分巧妙地降低了"硬"度，经济、社会、文化、民生被融入棋谱，"软化"成"将""帅""兵""卒"等。也许这会被人诟病为并非完全贴切，但这种基于传统文化的形式创新，却能更好地留住读者的目光，不失为一次有价值的尝试。

刊于 2011 年 1 月 17 日《新京报》特 1、特 2、特 3 版

新媒体对传统纸质报纸的冲击已是有目共睹。多媒体的应用更是将报纸单一的图片和文字表现形式,远远地抛在了集看、听、互动于一体的阅读盛宴之外,畅快淋漓地表达着各种信息表情。与此同时,信息"爆炸"之中,受众对阅读的体验更趋向于高效、轻松、愉悦,冗长的文字信息常常不为人所接受,言简意赅的图片成了首选。

▼《贵州都市报》版式设计者选择了图文联手,发挥文字精练与富于内涵的特点,展现图片直白与充满意境的特色,创造性的组合和营造出了版面的幽默感。主标题"奥斯卡今年口味清淡",意味深长地为这一届电影奖评选定了基调,版面整体选择了绿色色调,直接对"清淡"做出回应。

一盘蔬菜和一个小金人,两个几乎没有关联的物品,在主标题的凝练下,创意性地组合在一起,一下吸引了读者的眼球,加上版面上下边缘电影胶片式的处理,最大限度地贴近和放大主题所想表达的意境。

刊于 2011 年 3 月 2 日《贵州都市报》D16 版

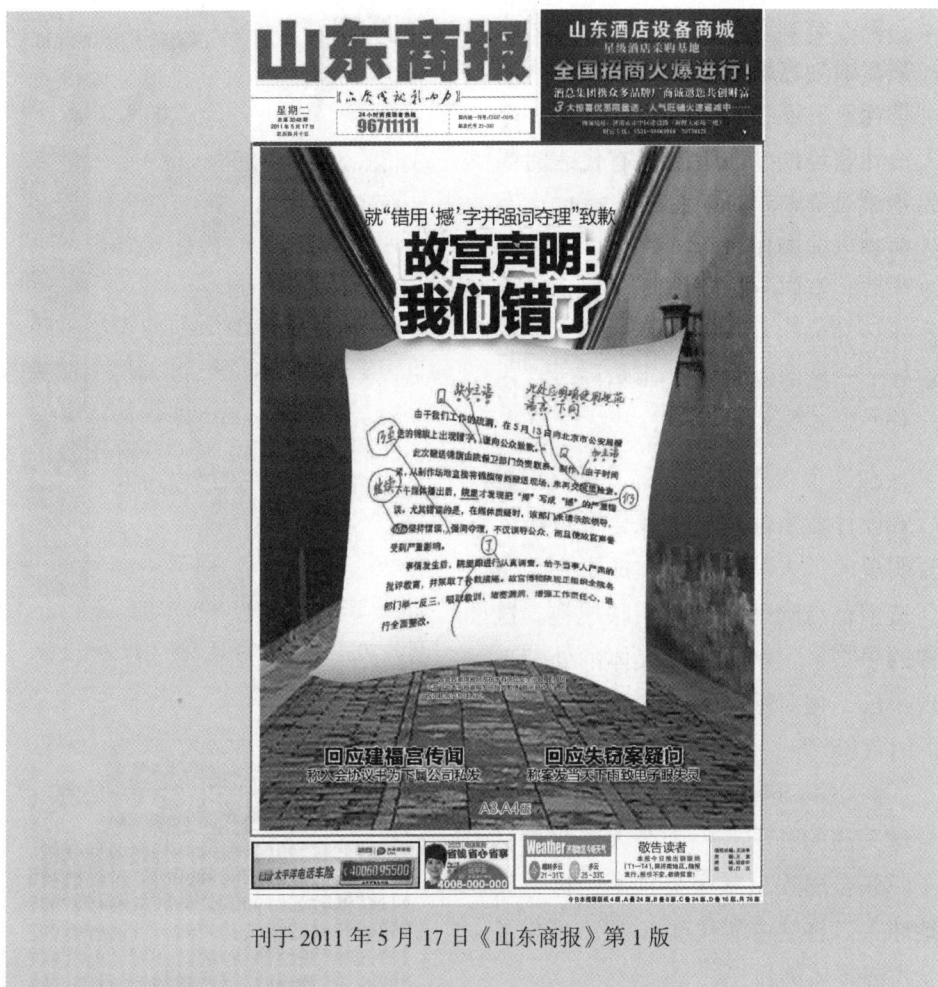

刊于 2011 年 5 月 17 日《山东商报》第 1 版

▲《山东商报》美术编辑在使用图文联手方式的情况下，进一步玩起"双关"，图与文的逻辑关系更为紧密，所指示的弦外之音也更加丰富，幽默更显"黑色"。在版面中间的突出位置，"张贴"了被网友批判的那封漏洞百出的故宫"道歉信"。

道歉信本是表达"错了"之意，红色的修改印记则进一步加强了"错"的声音，与大字号的主标题"我们错了"形成了多层叠加和强调的效果，真是"错"得无厘头，"错"得很滑稽，"错"得耐人寻味。这种"错"的幽默感，用再多的文字去描述、说明、解释，也是达不到此效果的。

▶一看到主标题，读者便能会心一笑，因为它组合运用了当时流行的网络元素，不仅有表示出人意料、令人格外震惊的"雷"，还有代表时尚先锋潮流的著名流行歌手 Lady Gaga 的名字（标题用其中文谐音"雷得嘎嘎"）。上 CCTV 体坛风云人物颁奖典礼的刘翔，其飞机头和烟熏妆造型被贴上了雷人的标签，成为网络热门话题。

在这个盘点周刊中，《新京报》版式设计者索性将主图综合了数位体育明星的雷人装扮，拼贴成了一个全新造型，与幽默的标题相映成趣。这样的手法，无疑取自多媒体的处理表现手段，相对单一的报纸被赋予了新的时代感。

▶2011 年 10 月 31 日，是一个全球关注的日子，一个令人警醒的日子。联合国人口基金会预测，这一天地球人口总量将攀升至 70 亿，聚焦了全世界媒体的目光。

纵览国内各报，通过各种版面语言突出"70 亿"这个数字成了大家的首选。不过，《都市时报》美术编辑经过独特的创意和构思，运用简单地男女两种剪影人像元素，进行简单的重复和罗列，将其依次紧密排开，几乎布满了整个版面。黑压压的视觉感受和冲击力，紧迫的画面节奏和布点，简练而直接地表达出主题。

刊于 2011 年 1 月 24 日《新京报》C12 版

刊于 2011 年 10 月 31 日《都市时报》第 1 版

　　▼这是反映宁波港股份有限公司外地员工，在公司建的公寓楼内欢度"双节"（2014年2月14日，恰逢元宵节和情人节）的一个图片版。

　　《东南商报》编辑在版面上用灰色底纹画了一幢高大的公寓楼，点明摄影记者拍摄此组图片的时间是晚上。嵌入公寓楼的图片和文字说明仿佛构成了一扇一扇的窗户，与"屋顶"上几扇错落有致的窗户一样，在夜幕下显得格外醒目。窗户内透出的尽是每家每户"稳稳的幸福"，那就是每个人想要追求的平凡而又令人羡慕的温馨和甜蜜。

刊于2014年2月16日《东南商报》第8版

第二节 运用图案形式

当下，不少对图片特别讲究的报纸均专设图片编辑岗位。图片编辑和文字编辑的工作性质是完全不同的。真正意义上的图片编辑不可以像一般的文字编辑那样看照片，应是读照片，读懂眼前的照片想要表述什么，知道报纸需要什么样的图片。[①]

因为，图片编辑深知，一张图片处理得好，便会道出"千言万语"，为版面营造独特的氛围。

▶2009 年 6 月 3 日，法国证实，载有 228 人的法航客机在大西洋海域坠毁。

当晚，新华社发来十几张图片，不仅内容丰富，而且画面清晰、极富张力。于是，《宁波日报》版面编辑精选了最能"说"出新闻要素的照片两张和图表各一张，并进行了特殊加工：将失事客机的同机型资料照片放大至通栏，抠图后横跨于版面上部，中间置一火球引爆图案，简洁而明白地道出了"客机失事"这一特大悲剧，场面震撼而醒目；在版面中间，放置一张失事示意图，详尽展示了"飞行方位和失事区域"；版面下方也用抠图法放置了一张乘客家属表情凝重而悲伤的图片，表达了家属的"悲痛之情"和人们的"叹惋之情"。

刊于 2009 年 6 月 4 日《宁波日报》A8 版

---

① 谢雨玫 . 图片编辑与版面设计 [M]. 北京：中国摄影出版社，2009：1.

刊于 2007 年 10 月 25 日《宁波日报》A8 版

◀对 iPhone 6 的报道，《D 壹时间》采用"图案＋标题"的"反证法"加以处理：上面是主新闻"iPhone 6 发布"几字，字体又灰又小，美术编辑似乎有意"冷"之；突出的是一年轻女性瞪眼怒吼着"旧的不去，新的不来"，恶狠狠地将旧手机摔破的画面；同样醒目的还有左右两行又黑又大的标题，善意"提醒"着读者，尤其是有女朋友的男性，这几天千万别去招惹"女盆友"，因为她很可能借机摔坏旧手机，如果这样的话，你将面临"心有余而肾不足"（为得新的 iPhone 手机而卖肾）的悲剧。悲剧的导火索无疑是"iPhone 6 发布"！至此，美术编辑的"反证法"大功告成。

▶从形式上来讲，这是《D 壹时间》一个运用图案造成极强冲击力的版面。一只致残的左手惨不忍睹，又触目惊心！已经烧毁的食指和差一口气就要烧掉的中指，分别代表着抽烟伤害自己和伤害别人的结果。

从内容上来说，这是一个最能引起共鸣的话题。记者调查的结果表明：八成多的被动吸烟者抗议二手烟。于是，版面编辑也旗帜鲜明地发出"办公室对二手烟忍够了"的呐喊！不抽烟的人碰到与抽烟者同处一室办公，犹如喜欢安静的人与打呼噜者同睡一个房间，其痛苦真是无以言表。纸媒能替大伙喊出此声，必定能引起大家的共鸣。

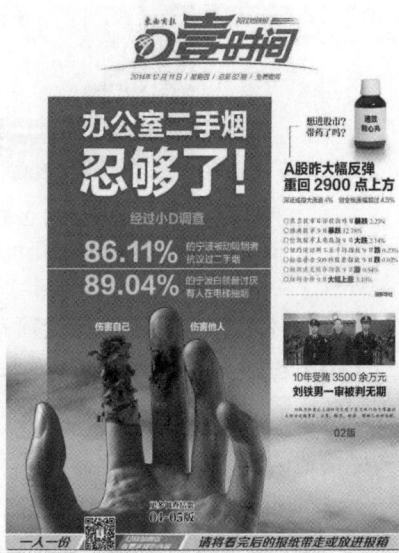

刊于 2014 年 12 月 11 日《D 壹时间》第 1 版

刊于 2015 年 2 月 22 日《钱江晚报》第 1 版

　　▲美术编辑先用中国传统窗花为画框制作统一的模板，然后用"手"为介质，与手绘图相配，营造出独特的新春氛围。《钱江晚报》这组 2015 年《春节读本》分别从"美食""美景""运动""艺术""健康""求知"等方面，引导读者去尽情地"乐"过新春。

　　美术编辑在设计"手势"图案时，动了不少脑筋，每件都经过精心的搭配。譬如上面这个版面，美术编辑在食指和中指的指尖上均"套"上了一只运动鞋，活脱脱就像正在抬脚起跑的两条腿。此等奇思妙想，怎能不令人拍案叫绝？

▼这是一个很有温度的版面。全国打拐解救儿童寻亲公告平台上线，首批公布 284 名被解救儿童，3 天访问量超 390 万次。《东南商报》让出头版，将在浙江被解救的 7 名孩子的图片和相关情况刊于其中，足见纸媒关怀生命的大爱之举。

这是一个设计精美的版面。美术编辑在版面中新置了一堵墙，将两张"寻亲启事"图案贴了上去，泛黄破损的纸张，告知读者有些亲人失散已久，有些亲人失散时间虽不长但父母度日如年，让读者感受到他们心中的悲痛。

刊于 2015 年 9 月 22 日《东南商报》第 1 版

第六章　　聚焦精彩细节

　　日本设计师细山田光宣认为，设计风格趋向简单化是一种潮流，但在风格简单化的同时，对细节的要求也越来越严格。[①]也就是说，当今版式设计的潮流是总体感觉上简洁明快，但细节部位却是设计精致、个性十足，尤其是在图片的安排设计上。

　　图片在版式设计中的作用，不用再作过多的解释。据一份研究资料表明，读者在看一张照片时，一般情况下只会用 2 秒时间。特别吸引人的照片，才会使读者的视线多停留一些时间。[②]

　　每位读者都可以根据自己的心情、背景、倾向和嗜好理解图片的内容。[③]也就是说，读者不一定都能读出报纸上新闻图片的精髓所在。因此，美术编辑一定要"帮助"读者，尽量在上版前将图片处理好，突出其精彩的亮点，让读者一眼就能读懂图片中包含的新闻核心内容。

　　图形的面积直接影响整个版面的视觉传达效果。在一块版面中，图形越大越引人注目，感染力越强；图形越小则感染力越弱。为了突出主要信息，可将主要图形放大，将从属的图形缩小，这样才能形成主次分明的版面布局。大面积图形通常用来表现细节，如风景、器物、人物等某个对象的局部特写等，能在瞬间迅速传达其内涵，使其与人产生亲近感。[④]

　　人们常说"好图会说话"，如果美术编辑能细心读图，读出图片中潜在的、最能与新闻核心相配套的细节，并加以有意放大，便能使好图的价值发挥至极致。具体来说，聚焦图片精彩细节，可以通过放大照片局部、抓住传神表情、抠出图片精髓等手法进行。

---

① Obscureinc 工作室 . 版面设计黄金法则 [M]. 张夏薇，吴佳颖，张蓓，译 . 北京：人民邮电出版社，2013：6.

② 谢雨玫 . 图片编辑与版面设计 [M]. 北京：中国摄影出版社，2009：96~97.

③ 谢雨玫 . 图片编辑与版面设计 [M]. 北京：中国摄影出版社，2009：9.

④ 艾青，陈琳，毕丹 . 版面编排设计 [M].2 版 . 武汉：华中科技大学出版社，2014：59.

第一节　放大照片局部

版面上把好照片放大，并非只是起美化、修饰版面的效果。如果图片编辑把一张该放大的好照片在版面上处理小了，对摄影记者、读者及报纸都是损失。[1]反之，把不该放大的图片放大了，既浪费了版面，又会让内行人怀疑美术编辑的"用图"能力。

在图片中弱化背景、凸显主体，在摄影技巧上被称为聚焦。但由于新闻图片多为抓拍，时机、环境、角度难以自由选择，往往有背景杂乱等问题，使一些图片不得不被废弃。但是，如果图片后期编辑也采用聚焦法，那么有些图片不但能重见天日，或许还会有意想不到的效果。

▼2013 年 4 月 20 日 8 时 02 分，四川省雅安市芦山县发生 7.0 级强烈地震，新华社四川分社江宏景是最早进入灾区的摄影记者之一。他拍摄的一群士兵在宝盛乡救援一名蓝衣女子的图片见报率很高，另一张救援战士背着受伤群众艰难通过塌方区的新闻图片却险些被埋没。

细细看起来，这张图片有强烈的动感，场面震撼，尤其是救援人员在乱石中艰难穿越的场景至少包含了三层信息：一是救援官兵火速挺进，二是已经开始救护群众，三是崩塌的山体显示了这次地震的强度。但是这张图片的背景十分杂乱，弱化了画面的主体人物，容易被人误会成是一张"一眼过"的图片，而不被各报"看好"。

新华社四川分社记者江宏景 摄

---

① 谢雨玫.图片编辑与版面设计 [M].北京：中国摄影出版社，2009：76—77.

▶与众不同的《天府早报》却选用这张图片作为头版通栏大图。在使用图片后期加工的聚焦法时，先将图片转为单色，然而采用大面积、深色调遮盖的方法，虚化部分山体、滚落的乱石和倒塌的树木，聚焦凸显出其中的人物。

聚焦法的应用，不仅使原来图片的缺陷得到弥补，而且令大面积的黑色渲染出悲壮和悲伤的气氛。整个版面采用黑白版式，主标题用黑色反白的超粗黑体字，与图片相互映衬，庄重而深沉。第一层黑反白引题交代了地震震级和地震位置，第二、第三、第四层引题传达了党和政府发出的救援命令，版面正下方用简略的数字记录了死亡和受灾人数。整个版面把地震最重要的信息归纳到一起，加上使

刊于 2013 年 4 月 21 日《天府早报》第 1 版

用遮盖处理背景、聚焦救援主题的图片，产生了巨大的震撼力。

▶《潇湘晨报》（图见下页）同样是"慧眼识宝"。其采用一张镂空的破碎墙体作为前景，遮盖掉部分杂乱的背景，聚焦凸显出图片的主体。破碎的墙体有很强的装饰性，直观地展示了地震强大的破坏力，让读者内心产生撕裂的阵痛，甚至能使读者在心灵深处听到"咔咔"的撕裂声。

标题《生命竞速》起到了画龙点睛的作用，对图片进行了完美的诠释，传达出"挽救生命就是与死神赛跑"这一内涵，并在副标题中表明"距离救援的黄金 72 小时，还剩 48 小时……"，紧张和揪心情绪跃然于版面之上，在读者的心中产生共鸣。

使用遮盖物，凸显主题，是图片后期加工中聚焦法的常用手法。但两个见报版面在具体处理方面又有所区别，《天府早报》是"软遮盖"，《潇湘晨报》则是"硬遮盖"，各有优势。这两个效果是如何实现的？Photoshop 软件为这种处理方式提供了技术支持。Photoshop 的图像加深、蒙版等处理方法都可以

获得《天府早报》版面的效果，增加一个开裂的墙体图层则是《潇湘晨报》版面采用的方法。

需要说明的是，聚焦法的应用并没有改变图片的内容，也不存在图片的作假问题，完全是一种图片后期处理的技巧，值得借鉴。

刊于 2013 年 4 月 21 日《潇湘晨报》第 1 版

刊于 2014 年 9 月 9 日《宁波晚报》第 1 版

◀2014 年 9 月 8 日是农历八月十五中秋节，晚饭时间后乌云一直遮月，原本想品月饼赏月的宁波市民绝大多数是翘首以盼，悻悻而归。而《宁波晚报》摄影记者龚国荣在宁波景点天封塔边一守就是 4 个小时，于 21 时 30 分成功拍到月圆对塔尖的美妙一刻。

据调查，当日宁波同城各报中均没有十五圆月的照片。可以想象，翌日，不少看到《宁波晚报》的读者肯定会惊呼：昨晚圆月还是如约"光临"甬城，而大家却宅于家中，置如此美景于不顾，太不应该啦！好在《宁波晚报》及时弥补了大家的遗憾，将照片放大至整版，凸显了图片中花好月圆的意境，还原了一个诗意的中秋之夜。

▼不搜不知道,一搜吓一跳。在 2015 年 9 月 3 日新华社发稿图库里搜"阅兵"两字,竟然跳出来 1635 张图片!要认真地看完这些图片,可要花费不少时间,再要从诸多精彩的画面中挑出一张作为头版的主图,这个活可不好干。然而,《宁波晚报》头版编辑做到了,而且做得还挺好。

这是一张令人难忘的镜头定格,20 架直升机在空中组成"70"字样通过天安门城楼,这也是所有看过大阅兵的人留下的最深印象。编辑肯定是认真观看了阅兵式,甚至是事先关注了大量的新闻揭秘,才会在当晚做出如此果敢而准确的抉择。

刊于 2015 年 9 月 4 日《宁波晚报》第 1 版

第二节　抓住传神表情

如果美术编辑有"读图"的需要，那么，他们就有必要来确定好照片的基本标准。首先，好的照片在拍摄上是没有问题的，因为这是摄影记者的基本功。更重要的是，好的照片必须要拥有吸引人的情感因素，或者说要有可以发掘出传神动人的"潜质"，与读者实现眼神交流的效果。这种"传神"的照片，都会让人过目难忘。

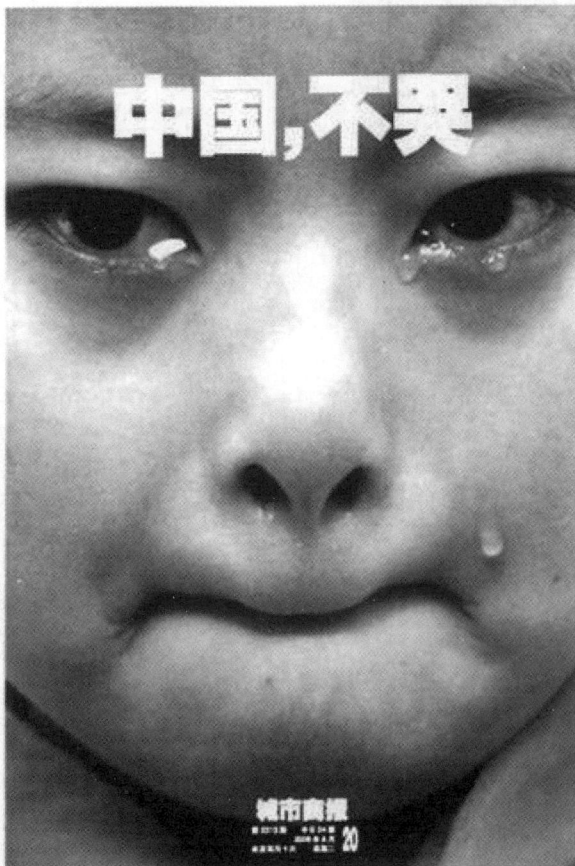

刊于 2008 年 5 月 20 日《城市商报》第 1 版

▲汶川大地震后的哀悼日，《城市商报》以一张照片占据整个版面。女孩夺眶而出的泪滴、莹莹闪烁的泪光，似乎和"中国，不哭"的大标题形成了强

中国月球第一图上午9时41分公布

烈反差，但再仔细一看，女孩紧咬下唇的动作，正是她克制悲伤情绪、勇敢向前的起点。

◀如果说，"人的表情"直接表达情感和诉求，那么，《新民晚报》则是利用本无表情的物的照片，结合标题文字，独具一格地表现了版面情感。同样是占据整个版面的图片，只不过换成了中国月球第一图。被放大的月球表面，肌理清晰，似乎与读者离得很近，"你看你看月亮的脸"，一句歌词巧妙道出了主题。

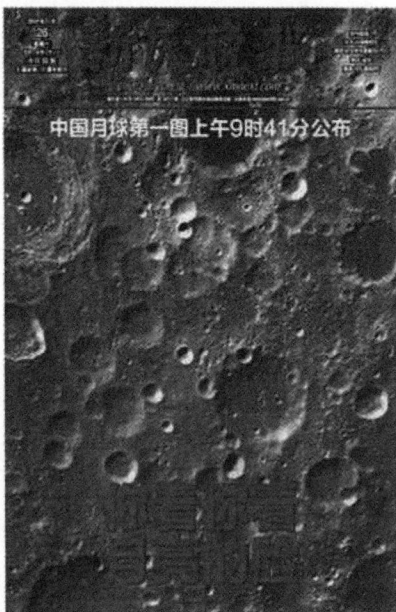

刊于 2007 年 11 月 26 日《新民晚报》第 1 版

▶澳网夺冠，李娜本是主角，也许是考虑到其他报纸都会不惜版面去刊发李娜的大照片，《东南商报》版面编辑另辟蹊径，将主角"让位"于李娜的丈夫姜山，并将其开怀大笑的照片予以放大。

姜山的大笑奠定了版面喜庆的基调，传递的是一种国人得知喜讯后皆会有的愉悦之情。因为颁奖典礼上李娜说了句"我丈夫是好人，他很幸运娶了我"，版面编辑便自拟了一个主标题《这次老婆大人不会生我的气了》与之相配，顿生几分诙谐之味。

刊于 2014 年 1 月 26 日《东南商报》第 1 版

▼尽管巴西主场球迷的声势是如此的浩大，尽管东道主是多么地渴望捧起大力神杯，但巴西球员还是没有能够挡住"德国战车"的一次次猛烈进攻。在世界杯半决赛上，德国队以7:1狂胜巴西队，令全球球迷目瞪口呆，令整个巴西痛不欲生！

《东南商报》美术编辑拿"7"字做起了文章，利用谐音"哭泣""哭7"制作标题，选用7张巴西球员、球迷痛哭的图片组合成了个"7"字。由于图片抓住了人物表情，强化了东道主巴西队苦吞7球这一悲惨事实，也让读者深刻地体会到了有些赛场真的如战场般残酷无情，实在令人"伤不起"。

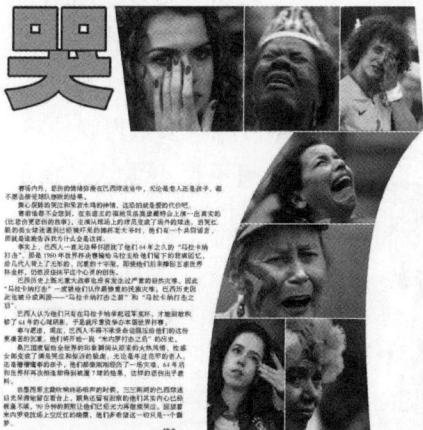

刊于2014年7月10日《东南商报》第16版

刊于 2015 年 1 月 1 日《东南商报》第 1 版

刊于 2015 年 9 月 4 日《东南商报》第 10 版

◀打开《东南商报》版面，马上被小姑娘甜甜的笑容所吸引，又被她双手所持"希望父母身体健康，生活工作一切顺利"那句朴实心愿所打动。再读完版面左侧《梦想还是要有的》诗句，顿时为该报《圆梦 2015》的策划击掌叫好。传神动人的图片，无疑为版面增色不少。在头版辟出"宝地"，让普通读者说出自己心中的梦想，以及今年要实现的最大愿望，是报纸"接地气"的最好体现。把版面让给普通读者，让普通读者发出心声，是各家纸媒一直在倡导的一种境界。

之所以冠以"境界"一词，是因为以前纸媒做得很不够。如果纸媒今后都能竭尽全力提高"境界"，那么纸媒的寒冬可能就会来得晚一些、更晚一些。

◀不得不承认，在重大新闻事件的策划报道上，《东南商报》总是很出色。在总共 12 个版面中，除 1 个整版广告外，其余都给了大阅兵。难道当天就没有其他新闻了吗？有。但能大过大阅兵吗？不能。这种舍我其谁的气魄，值得同行敬重。将超级受人关注的新闻做深做透，也是纸媒突围的一条出路。

本次大阅兵的另外一个亮点，是我国首次邀请外国军队参加阅兵式。版面编辑特意将着装很有特色的斐济士兵"抠"了出来，放大置于版面最醒目处。读者这才看到电视直播时没看清楚的细节：原来这位仁兄上身穿着严实，下身穿着裙裤，脚上还踩着凉鞋呢！

▼瑞典卡罗琳医学院宣布"宁波女儿"屠呦呦获诺贝尔奖这一喜讯，很快成了各大媒体关注的热点。《宁波晚报》头版的图片用得就非常好。这是一张新华社的资料图片，放大至整版后，大图的效果就马上凸显出来了——屠呦呦微笑中略带淡定的神情，不就是宁波人传统的"低调做人、高调做事"的为人处事之道吗？主人公屠呦呦形象着实让人过目难忘。图片中恰巧有屠呦呦正在鼓掌的动作，这也可以算是家乡人对她的热烈祝贺，或能理解为她的自勉之举。

没有过多的装饰，只凭选对了一张内涵丰富、表情传神的图片，晚报头版的编排就这么简单，然而见报效果却是出奇的好。因此，我们在版面编排中要切记：好图会说话。

刊于 2015 年 10 月 6 日《宁波晚报》第 1 版

第三节　抠出图片精髓

在图片处理上，有一种技法叫退底，也叫抠图。抠图，即将图中的背景去掉，使其形状单独呈现出来的一种图形。[①]

《人民日报》高级编辑王咏斌先生的《报纸编辑学》一书将版面设计分为三种境界：第一种境界，是把应该上版的稿件都安排上去，形式上得过且过，内容上不讲联系和层次；第二种境界，比第一种略有进步，主要是讲究版面布局的匀称、和谐，为美观而美观，形式与内容缺乏内在的联系；第三种境界，是版面内容与形式达到高度的统一。从整体布局到每一个细节，都经过精心构思，无处不透露出设计者的思想和情感。这样的版面不仅发挥了为稿件提供载体的功能，而且通过巧妙的布局，使内容得到恰如其分的展示，并得到升华。其形式不但具有美的外表，而且有思想，有情感，有摄人魂魄的力量。

稿件编排、版面设计五花八门，但万变不离其宗的就是保持自己独有的个性，即充分利用版面元素和版面语言，并通过自己独特的选稿标准、版面布局、标题样式、图片处理、线条装饰乃至色块运用等手法，给读者以强烈的、排他的视觉印象。而图片处理，尤其是抠图的应用，往往能起到很好的排他作用。

---

① 艾青，陈琳，毕丹.版面编排设计 [M].2 版.武汉：华中科技大学出版社，2014：56.

▼2004年3月22日，以色列动用武装直升机发射3枚火箭弹将巴勒斯坦伊斯兰抵抗运动（哈马斯）精神领袖亚辛射死在轮椅上。这可是震惊世界的特大新闻！

《宁波日报》美术编辑对两幅主图进行了特殊处理。第一幅是亚辛头像，不但放大放置于头条位置，而且加上一个爆炸图案。从处理后的图片中不难看出，手脚有疾的亚辛虽有病态且衰老，但其看似平静的眼神却透出一股诡秘的杀气。强悍霸道的以色列不仅没有因为亚辛的病衰而放过他，而且不惜以挑起更大武装争端的代价将他"定点清除"于轮椅之上，由此足见以色列与哈马斯之间的怨恨之深！第二幅哈马斯发誓复仇的图片采用的是抠图法，将哈马斯成员手持冲天的榴弹发射器抠出来，并横架于参加葬礼的愤怒的亚辛追随者的人群中。这不仅使上下两张内容

刊于2004年3月23日《宁波日报》第5版

同为亚辛支持者的图片有机地结合起来，而且使两张图片都具有了极强的立体感和动感。哈马斯成员蒙面持械、亚辛支持者振臂高呼的图片，喻示着亚辛之血不会白流，哈马斯必定会做出更极端的报复行动，而黎民百姓也必遭其害，中东和平更是希望渺茫。

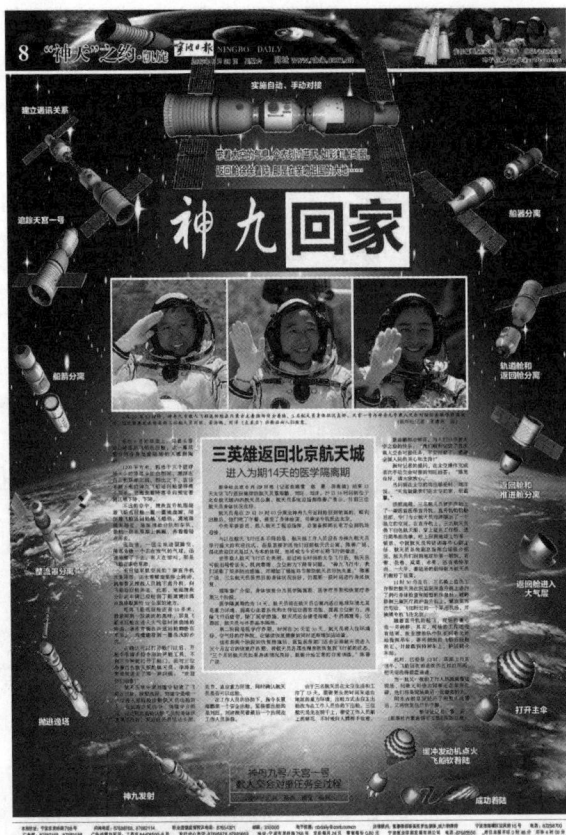

刊于 2012 年 6 月 30 日《宁波日报》第 8 版

▲这个版面之所以能获浙江新闻奖一等奖，其两点做法非常值得肯定。

首先，美术编辑将新华社发的《神舟九号 / 天宫一号载人交会对接任务全过程》图表"肢解"开来，将"神九发射→与天宫一号对接→成功着陆"等 14 张图一一抠出来，再从图库中找来两张太空图素材，合成一个整版的太空背景图，在排版时将抠出来的动漫图按照顺序以及不同角度一一放置上去，构成了整版的一个大图。这一完整的图文编排方式，与神九的完美表现十分契合。

其次，将套红主标题和三位英雄着陆后微笑招手的主照放至版面最中心的位置，突出了喜庆和完美的气氛；围绕版面四周的是"神九发射→与天宫一号对接→成功着陆"的全过程，体现的是一种完整性；主稿是神九回家的过程记录，嵌于主稿中间的是截稿消息"三英雄返回北京航天城"，表现的是神九回家的过程。

▼《东南商报》生活服务版的"消费大课堂——测试报告"，其内容贴近生活，走近科学，并为读者所想，故而深受读者欢迎。

夏天是肠道病高发季，《东南商报》对隔夜食物的细菌数进行了实验测试，结果是触目惊心的。编辑大胆地将测试物之一——半个"大西瓜"抠出来，直立于版面中间，并排了一个直通到底的竖标题，极具视觉冲击力。"西瓜"里排满文字，那密密麻麻的文字不正是那些隔夜滋生的数不清的"细菌"吗？

刊于 2014 年 7 月 19 日《东南商报》第 2 版

第七章　引导视觉流程

版面设计的视觉流程是指在流动的空间里，让视线随着各种视觉元素沿一定轨迹移动的过程，这也是视觉的运动规律。①大部分人打开报纸阅读版面时，都会很自然地将目光停留在最吸引他的地方，驻毕再移至其他兴趣点，直至合闭版面。读者目光所及的兴趣点，就是版面的视觉中心。

人的视线在看竖式排版时是从右上到左下，看横式排版时是从左上到右下，所以要从整体把握编排的视线流动方向。对于重要性很高的要素，编排时要尤其注意视线流动方向。②

摄影图像具有视线引导的图像效果，能够引导读者阅读。③在版面设计中，对于报纸美术编辑最基本的要求，就是要营造版面的视觉中心，引导读者将目光无一遗漏地落于版面编辑急于想让读者阅读的版块上。

因此，美术编辑就要通过引导元素，引导读者的视线按一定的顺序和方向移动，并由大到小、由主及次，把版面中的各个构成要素按顺序连接起来，形成一个视觉整体；同时，突出重点，条理清晰，发挥它的信息导向功能。它也是最具活力、最具动感的流畅型视觉流程。④

具体来说，美术编辑可以采用线条延伸区隔版面、色调构建视觉平衡、图片呼应版面结构的手法，积极主动地制造版面的视觉聚焦点，来引导版面的视觉流程。

---

① 艾青，陈琳，毕丹.版面编排设计 [M].2 版.武汉：华中科技大学出版社，2014：33.
② SE 编辑部.新·版式设计原理 [M].曹茜，译.北京：中国青年出版社，2013：34.
③ SE 编辑部.新·版式设计原理 [M].曹茜，译.北京：中国青年出版社，2013：21.
④ 艾青，陈琳，毕丹.版面编排设计 [M].2 版.武汉：华中科技大学出版社，2014：35.

第一节　线条延伸区隔版面

线向视觉流程主要是通过在视觉空间中的视线的不同方向的指引，产生一条清晰的线向脉络贯穿于版面。它简单明了，且具有引导和指引方向的效果[①]。

图片是报纸版面设计中最重要的元素。可以这样说，用好图片是设计好版面的关键所在。在版面的谋篇布局中，美术编辑的眼光通常会死死盯住那些能令人兴奋的好图片，而且会尽全力将这些好图片用好、用足，让其作用在版面的创意中发挥得淋漓尽致。

当然，用好图片的最高境界不是将图片四平八稳或错落有致地放置于版面的各个角落，而是要充分挖掘图片内在的"潜质"，顺着图片的趋势不断延伸，形成具有视觉冲击力的气势。这就是我们所说的"顺势而为"，或者说是"顺图而为"。

▶正在拍摄中的《007：大破天幕杀机》，经上海口岸进口一批价值 51.5 万英镑的暂时进境物资。这也创下当时来上海口岸中外合作拍片进境物资价值新高的纪录！这么肯花钱，是因为该部 007 系列电影特地加重了上海的戏份。

刊于 2012 年 2 月 22 日《钱江晚报》D3 版

---

① 艾青，陈琳，毕丹.版面编排设计 [M].2 版.武汉：华中科技大学出版社，2014：34.

《钱江晚报》用007（邦德）的电影海报照片作底照，顺着他翘起的枪管"射"出上海外滩的全景，表明米高梅电影公司这次为打开中国市场不惜血本的决心。007这一枪"射"得实在是妙，即使再精彩详尽的标题或文字，也无法达到这一"顺势而为"处理手法所产生的奇妙效果。

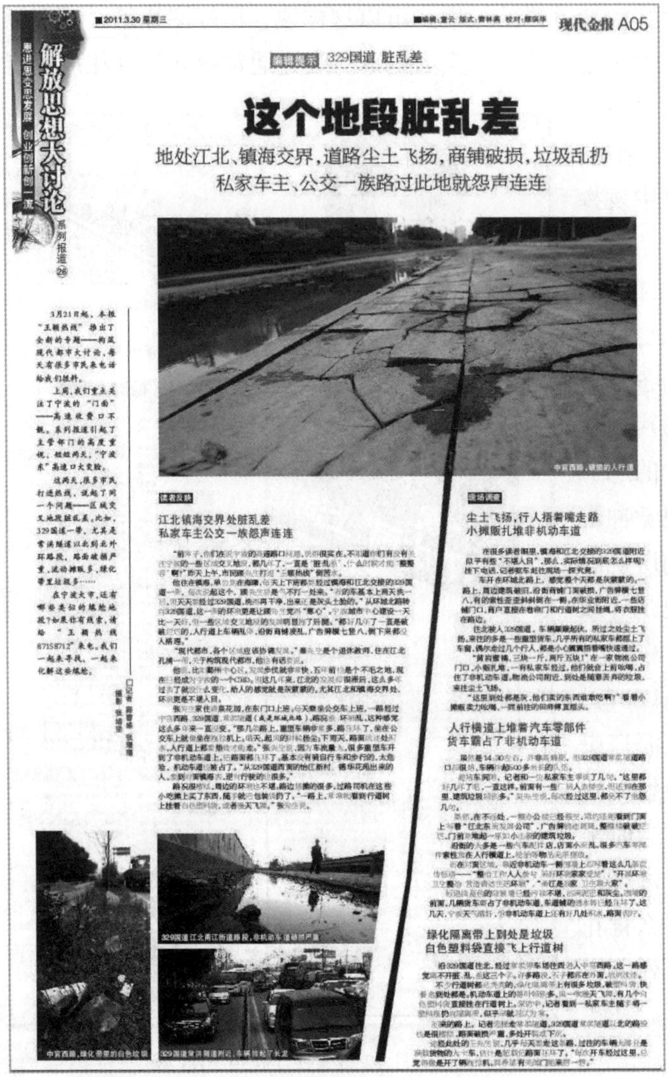
■2011.3.30 星期三 现代金报 A05

解放思想大讨论 系列报道㉖

编辑提示 329国道 脏乱差

这个地段脏乱差

地处江北、镇海交界，道路尘土飞扬，商铺破损，垃圾乱扔

私家车主、公交一族路过此地就怨声连连

读者反映

江北镇海交界处脏乱差

私家车主公交一族怨声连连

现场调查

尘土飞扬，行人捂着嘴走路

小摊贩扎堆非机动车道

人行横道上堆着汽车零部件

货车霸占了非机动车道

绿化隔离带上到处是垃圾

白色塑料袋直接飞上行道树

刊于2011年3月30日《现代金报》A05版

◀《现代金报》版面利用大图中四处开裂的路面的一条裂缝，顺势而为，往下拉出一条长裂缝，一通到底，强化了路面的破损程度。同时，这条又粗又长的裂缝也极富立体感。纵观整个版面，读者有身临其境举步维艰之感。

图片下方的文字、图片顺着这条长裂缝而排，因为裂缝有些歪歪扭扭，边上的文图看上去也有些曲曲折折的感觉，这与图片中路面情况"差"简直成了"绝配"。

刊于 2012 年 3 月 22 日《宁波日报》A15 版

▲墨西哥发生 7.8 级强震，将铁轨都生生震弯了！《宁波日报》版面编辑先选中了这张最有说服力的图片，在细细嚼出图片的含义后，果敢地下手：将两条弯曲铁轨顺势拉长至版面底部，并且用渐变手法将其变成灰色，再压上文字和图片。这样"顺势而为"的处理，既突出了地震的"强度"和威力，让人观后感到震撼和揪心；同时，又巧妙地利用图片的叠加手法，在底图上较"宽余"地插排了正文、图片及图表，实现了版面图文并茂、图图并茂的编排效果。

刊于 2010 年 7 月 4 日《东莞日报》A06 版

▲《东莞日报》版面完全利用图片组合作为"粗线条",打破了"横是横""竖是竖"的模块版式格局,版面活泼亲切。交错的电影海报组合成条块状,犹如盘绕的一帧帧电影胶片。这种版式的变异,非常适合电影报道等软性内容的表达。

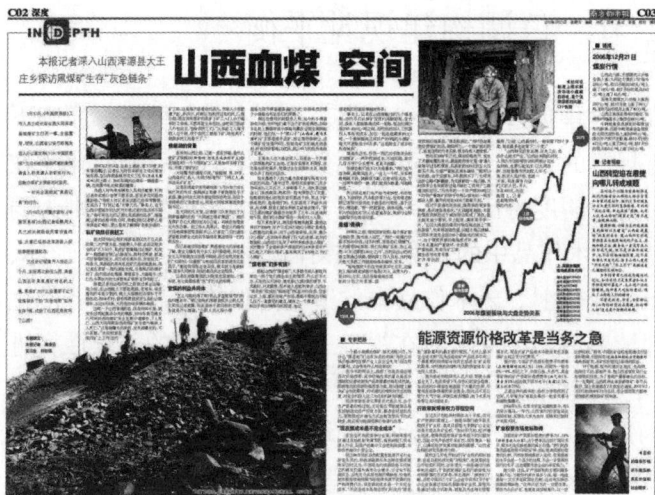

刊于 2007 年 3 月 23 日《南方都市报》C02—C03 版

▲这是一个跨版，《南方都市报》版式设计者敏锐地捕捉到左边版面大图片中地平线的走势，将这个"势"和右边指数图表巧妙结合，可谓"顺势而为"，将一个本来割裂的两个版面"焊接"成整体，文章依势而排，渐走渐高，视觉上也给人一种不断延伸的张力。

▶这是一个年度总结版，内容是《东南商报》核心报道盘点。编辑打破四平八稳的传统编排手法，采用独特的分割手法编排，版心中间画个圆，置入的是导语，由圆周划出的条线组成十个几何图案，装上新闻内容。一般来说，图文会顺着几何框的走势而编排。然而，版面编辑还是坚持按竖线直排，这样就多了不少留白处。有人也许会说这是败笔，但偶尔尝试新法也无妨，版式也应倡导"百花齐放"嘛！

刊于 2014 年 12 月 27 日《东南商报》第 12 版

第二节　色调构建视觉平衡

节奏与韵律均是指在秩序中创造规律性的变化，是"变化与统一"原则下的矛盾统一体。节奏是有规律的重复，是在不断重复中产生的频率的变化（在视觉上可以理解为面积对比和明度对比的反差变化），如果这种变化小则为弱节奏，变化大则为强节奏。艺术作品中的节奏，具体体现在线条、色彩、形体、声音等因素的有规律的运动变化上。艺术作品中的节奏不仅能引起欣赏者的生理感受，而且能引起心理情感活动，或使人在视觉上感受到动态的连续性，进而产生节奏感。[1]

韵律是一种和谐美的规律，"韵"是一种美的单色，"律"是规律。韵律是指动势或气韵的有秩序的反复，是通过节奏的重复而产生的。其中包含着近似因素或对比因素的交替、重复，在和谐、统一中包含着更富于变化的反复。在版面设计中，图形、文字、色彩等元素，在组织上合乎某种规律时所产生的视觉心理上的节奏感，即是韵律。[2]由此可见，色调是有节奏和韵律的。只要版式设计师运用得好，完全可以在版面中弹奏出缤纷动人的"乐章"。

另外，美学认为："当两种构成要素共同存在时，若成像差距过大，即造成'对比'；若两种构成要素相近，则对比刺激变小，能产生共同秩序，使两者达到'调和'的状态。"例如，黑与白是两种形成强烈对比的色彩，而灰色便是两者的"调和"。

"调和"的要诀，就是要找到各要素之间的共性，甚至可以通过设计处理手段，使要素之间产生共性。版面要素存在共性关系之后，就为打造和谐版面夯实了基础。"调和"能给读者带来视觉美感，尤其是色彩或造型的调和。这两种调和手法也经常被运用于报纸版面设计。换句话说，协调是韵律的题中之义，而"调和"作为一种手段，正是让韵律更加流畅、更加动人的方法。

---

① 艾青，陈琳，毕丹.版面编排设计[M].2版.武汉：华中科技大学出版社,2014：30.
② 艾青，陈琳，毕丹.版面编排设计[M].2版.武汉：华中科技大学出版社，2014：31.

刊于 2005 年 8 月 12 日《南方日报》特 01 版

刊于 2007 年 11 月 21 日《东方今报》B1 版

▲《南方日报》版面为达到色彩调和状态，各要素间的统一是必要条件，色相的配合、调子的协调以及明度的搭配等都能产生"调和"。比如，将要素进行色彩调整，形成统一色调；用到多种颜色时，则控制色彩数量和注重色彩配方。

　　这个版面要素多，但属性相对单一，都是头像照，在规整的编排基础之上，用红棕色来处理整个版面，配以明度的多层次搭配，完成了统一的视觉渲染。

　　▲"调和"要素除了色彩与造型外，质感也是相当重要的因素。《东方今报》这个版面运用彩墨的特效对照片进行处理，把要素烘托出一致的肌理感和质感，达到了一种调和状态，使版面有力地凝结在一起，即使是红色和反白的大标题，也难以打破这种视觉和谐。

▼奥运五环本是五个完全不同的颜色，容易造成色彩冲突，一不小心就会打乱节奏、失去协调。《温州都市报》美术编辑巧妙地引入一组运动符号，并用同一个颜色，围绕五环进行随机排列，使其成为一个整体，版面也不再被原有的五色线条分割。

▼有时候从色调上去构建平衡，不一定非要使用一个色系去调和，也可以通过色彩的选择搭配，以及降低色彩的饱和度等方法来实现。

如《郴州新报》这个版面上半版部分，6栏文字分别配以饱和度不高的色彩做底纹，又将6张照片相互交错，以此形成一个相对协调平衡的整体。

刊于2007年8月8日《温州都市报》C41版

刊于2011年4月2日《郴州新报》第08版

刊于 2014 年 4 月 17 日《宁波日报》第 11 版

▲韩国客轮倾覆造成 284 人失踪，其中不少是参加春游的学生！上午得知这一突发事件后，《宁波日报》版面编辑就急忙开始着手准备，至晚上谈版前基本确定版面处理方案：编辑在现有的图片中挑选一张最具新闻性的客轮倾覆瞬间的图片，放大至通栏后横于版面上方，中间是已经倾覆只留下一小截船尾的图片，再现的均是灾难发生的瞬间；下面是三名幸存学生痛苦流泪的图片，反映的是这一突如其来的悲剧，给人们尤其是孩子及其家人带来的莫大创痛。编辑利用特殊处理后的新闻图片，加上绿蓝相间的基本色调，在版面上营造了极大的视觉冲击力。

　　▼从2015年开始，宁波市将大幅增加珍贵树种和彩色树种的比例。届时，宁波大地将如同打翻了的调色盘，彩色森林的画卷将铺满整个美丽宁波。美术编辑在版面中"画"了一棵超大彩色树，树冠分为四层，里面镶嵌了将要增加的彩色树种的图片，意味着彩色树将把宁波四季打扮得分外妖娆。虽然版面五彩缤纷，但绿色的主基调还是统领着整个版面，让人觉得十分养眼。

　　"树"的左边列出各种彩色树的名称，并自上而下标出"红、橙、黄、绿、青、蓝、紫"的色调，与编辑取的标题"彩虹树"相匹配。读者看了此版后，必定会对这条新闻印象深刻。版式上的创意，若能提升读者对新闻的认知度，当是版面编辑追求的目标。

刊于2014年11月5日《东南商报》第1版

第三节　图片呼应版面结构

呼应，即一呼一应，相互联系或照应。在文章写作中强调前后呼应，可以使文章结构完整、主题突出，增强文章的严谨性和感染力。

在版式设计中，呼应也是一种较常用的表现手法。

呼应，就是利用光影、色彩、图像等元素，使版面中的图图、文文、图文之间形成一定的关联，从而产生对应、均衡、和谐、含蓄的表现效果。

▶这是反映日本 2011 年"3·11"地震海啸灾难周年祭的一个版面。版面下部的黑白画重现了灾区的悲惨一景，表明尽管灾难已过去一年，但灾民"伤痕依然清晰"。版面上部是个又红又圆的太阳，那是灾民向往新生的希望所在。

接着，《钱江晚报》美术编辑动用了图片呼应手法：让太阳的底部"飘落"些许红点，不偏不倚刚好"落"在"灾区"的一棵樱花树上，翩翩红点顿成了经历寒冬、朵朵怒放的樱花，喻示着灾民不惧困难、顽强抗争的精神，因为明天的"生活在继续"，明天的生活会更好。

刊于 2012 年 3 月 9 日《钱江晚报》C1 版

刊于 2007 年 4 月 16 日《苏州日报》A02 版

刊于 2011 年 8 月 30 日《都市快报》D1 版

　　▲苏州著名的文化瑰宝——西山雕花楼，以无与伦比的精美木雕花饰而著称。《苏州日报》此版就以一张雕花木窗图作为版面的底子，文字和小图巧妙地排在窗格中，版面下部是雕花木窗在阳光照射下的倒影，形成一种上下立体的呼应。版面上部密密麻麻的图文及深色的基调，与下部的疏朗淡雅构成一种渐变效果。版面自上而下，由浓至淡，喻示着西山雕花楼的景色是移步即景，或楼或阁，或曲或幽，渐入佳境，美不胜收。同时，整个版面也会让人读来感觉越来越轻松，越来越透气。

　　▲拿到这个版面，读者肯定会被上方的一张大图所吸引，因为这条鱼实在是太大了！并不由地会冒出"海钓肯定很有趣"的念头。

刊于 2015 年 5 月 15 日《东南商报》第 1 版

　　《都市快报》美术编辑也是顺着读者的心思，在版面下方做了一个呼应：迎着扑面而来的海浪，海钓主角悠闲地划着一条船，不，他划的是一条鱼，而且是他钓上来的那条大鱼！骑在大鱼上劈波斩浪、驰骋汪洋，那是"神仙"般的惬意姿态，充分诠释了海钓运动的快乐无比，真让人心驰神往！

　　▲名曲《在那桃花盛开的地方》竟然与桃花满地的奉化有关。蒋大为透露，词作家邬大为就是因为听了奉化籍小战士对家乡的描述而写就此歌的。这可是宁波的特大新闻！消息由奉化宣传部黄成峰、凌青提供，宁波的各大媒体都进行了大篇幅的报道。不同的是，《东南商报》给予了头版整版加第 2 版、第 3 版的特别"待遇"，而其他报纸最多在头版发个稿子，或只做了导读。在版面

编排上，《东南商报》头版不仅刊发了奉化小战士的资料照片，还在正文上下布置了特殊的"场景"——上面是尽情怒放的桃花，下面是漫山遍野的桃林，上下呼应，增加了新闻稿件的分量。

▼2019年第9号超强台风"利奇马"登陆温岭，对宁波市造成了严重影响。6名环卫工人一字排开，正在全力清洗路面，因为《众志成城　重建家园——甬城又靓了起来》图片为横构图，《现代金报》编辑就大胆地采用竖版横排式，尽情展示整版大图的视觉冲击效果。这一图片呼应版面结构的新排法，也让看惯常规编排方式的读者眼睛顿时为之一亮。

刊于2019年8月12日《现代金报》第1版

下篇　表现手法创意

　　报纸在不断的成长发展中，越发重视视觉效果，通常会通过布局美、节奏美、对比美的设计手法，来激发读者阅读欲望。在版面设计中，创新是不可或缺的一大原则，没有创新意味着将失去整个生存的市场。虽然一些独家信息、深度报道能够吸引读者的目光，但是如果缺乏设计上的创新，时间久了，就会使读者产生审美疲劳。①说白了，"喜新厌旧"就是读者的天性，也是新闻设计师要为之不懈努力的职业目标。

　　电脑使平面视觉元素的结合有了更多的可能：形与形的过渡变得变化不定，层次与层次之间的关系变得更加丰富，画面的肌理和细节变得更为复杂。图形和图像可以通过各种工具进行原来难以想象的处理。在版面的制作上，各种软件可以帮助设计师快速建立各种网格系统，并自由快捷地将图形文字填入其间。②确实如此，是层出不穷的电脑软件让新闻设计师的能力变得超级强大。

　　所谓版面编排设计，即在版面上将有限的视觉元素根据特定的需要进行有机的排列组合，将理性思维个性化地表现出来，是一种具有个人风格和艺术特色的视觉传达方式。③既然定性为个性化的创作过程，新闻设计师在版式创意中，便要注重主题内容的创意，更要注重表现手法的创意。

　　版式创意，包括重复、对比、对称、隐喻、留白等表现手法。

① 韩方林. 报纸版面设计中视觉元素的配置及效应 [J]. 新闻战线，2015（8）：46-47.
② 陈建勋. 现代设计元素·版式设计 [M]. 南宁：广西美术出版社，2006：24.
③ 艾青，陈琳，毕丹. 版面编排设计 [M]. 2版. 武汉：华中科技大学出版社，2014：2.

第八章　重复手法

　　所谓重复，是指把相同、近似、渐变的元素进行反复的、有规律的排列，使其产生一定的秩序、节奏与韵律，给人视觉上的重复感。[①]也就是指依照原件制作成相同的样子，是一种复制、模仿的手法。说得简单一点，也就是人们常说的"依葫芦画瓢""照猫画虎"。在版面设计中，重复是一种较常用的手段。

　　当然，重复并不是我们平时在电脑上使用的简单"复制"和"粘贴"的方法。在使用重复手法时，我们一定要强调它的艺术性和视觉冲击力，要给人以美的享受；同时，还要强调它与新闻内容的匹配度，因为任何一种版面表现形式都要服务于新闻内容，这是一条铁律。只有这样，才能体现重复手法增加视觉张力，表现衬托、强调、意境的功能之所在。

　　一般来说，重复手法可以分为"图片重复""阴影重复""形式重复"三种。

---

① 马丹. 版式设计 [M]. 北京：龙门书局，2014：43.

第一节　图片重复

　　重复，在设计艺术中是经常被使用的表现手法，报纸版面同样可以借鉴和采用这一方法。简单地说，重复就是将版面中某一或某些视觉元素进行一次又一次地编排，但这种编排必须具有一定的规律，才能给人以整齐、单纯的美感。

　　设计理论认为，采用重复法则构成的版式设计，主要有同形同色、同形异色、同色异形等样式。但报纸版面不同于普通艺术平面设计，简单的没有变化的重复一般较少使用。特别是在新闻版面中，为了设计而设计，为了重复而重复，在大多数情况下是没有意义的，那样就太过于追求形式了。

　　所以，版式设计者可以运用时间这一维度。同一新闻主体在不同时间的状态往往是"新闻眼"所在，也是视觉表现手法的取材之处。

　　从图片的处理上，可将重复的图片抠图，再拷贝一份，置于版面上。

　　▶版面中的主角是同一空间、同一视角的 3 张重庆全景图，因为 3 个时间点不同，画面内容发生了变化。复制中带有变化，变化中蕴含重复，较之单纯的元素重复更适合新闻版面。

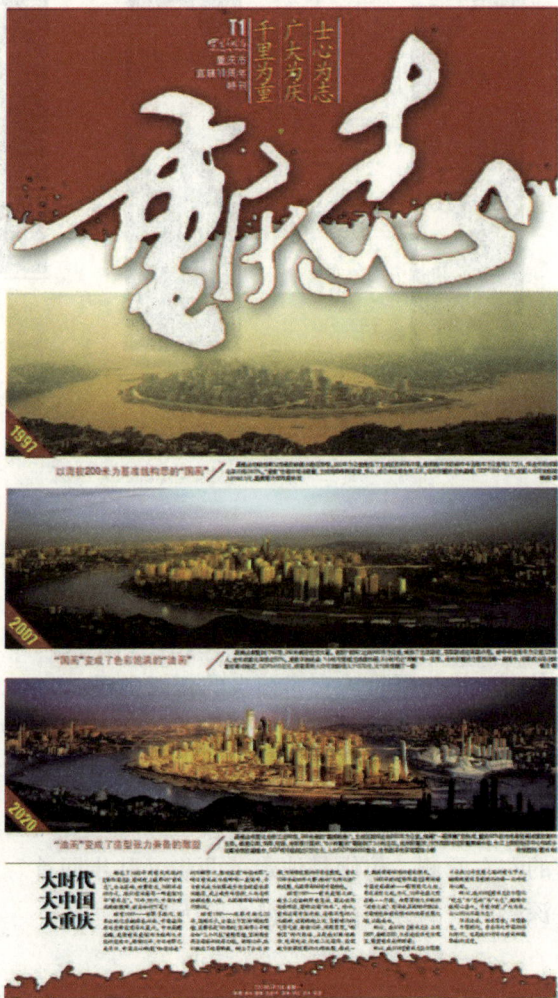

刊于 2007 年 6 月 18 日《重庆时报》T1 版

刊于 2005 年 10 月 29 日《新京报》A22 版　　刊于 2010 年 6 月 19 日《楚天都市报》B02 版

▲重复设计中还有一种渐变手法，《新京报》美术编辑领会了这一手法的精髓。版面顶部并排了意大利前总理贝卢斯科尼的 4 张小照片，这一组连拍照片通过贝氏连续微小的动作变化，以重复的形式营造了一种焦虑紧张感，恰如其分地烘托了贝氏官司缠身的新闻主题。

▲拥有多名大牌球星的法国队在南非世界杯小组赛上以 0∶2 不敌墨西哥队，被逼至淘汰的边缘。《楚天都市报》美术编辑在处理这一新闻时，选取了一张最能表现法国队主帅多梅内克此刻心情的照片，并进行了复制，置于版面的左右两侧，仿佛是他走了两步又驻步回首。多梅内克在场上那种顾盼留恋又深感无奈的神情被表现得一览无余。

刊于 2019 年 5 月 25 日《现代金报》第 1 版

▲2019 年 5 月 25 日，是宁波解放 70 周年的日子。《现代金报》在头版用了两张宁波标志"灵桥"的照片，一张是 70 年前解放军走过灵桥的旧照片，一张是 70 年后灵桥的新照片。桥没变，周边的景象在变。这两张重复图片的使用，以穿透时光、展望未来的视角，具体形象地展现了 70 年来宁波城市的发展历程，以及对美好未来的展望。版面以灵桥近照与历史照片组合设计为视觉中心，以老胶片图案作为加强历史感的符号，色彩明快，具有很强的设计感和阅读亲和力。

▶2003 年的"非典"疫情给人留下了深刻的印象。《宁波晚报》摄影记者参与了 17 年前的"非典"与 2020 年的"新冠肺炎"两场疫情拍摄。《宁波晚报》版面编辑选取了三组动态相似的图片，安排于头版。重复的图片，一样的动作，表达的是一样的坚持和美丽。细心的读者可以发现，17 年前的市民是不戴口罩的，17 年后身处隔离病房的医生不仅戴口罩，而且还穿上了严实的防护服，由此可见新型冠状病毒的传播力之强。

刊于 2020 年 2 月 27 日《宁波晚报》第 1 版

第二节　阴影重复

阴影重复就是先将原图进行抠图，拷贝一份，并略加放大，然后再处理成单色，置于原图之后，产生阴影的效果。

▼《南方都市报》该版采用的就是阴影重复手法，原图表现的是主人公开朗洒脱、热情奔放的鲜明个性，放大后的阴影虽然只有轮廓，但足以"复制"出主人公拥抱自然、享受生活的愉悦心情，且稍稍有些夸张式的放大。主图与阴影，一实一虚，带给读者的感受是追求人与自然和谐相处所产生的种种美好遐想。

▼在欧冠比赛中，被誉为"世界第一左边锋"的贝尔立下头功，帮助热刺队以3：1战胜国米队。有足球评论员高度称赞他的精湛技术："在所有速度较快的左边锋中，贝尔的不同之处在于居然可以在边路的狭小空间中，施展类似马赛回旋的小技巧。"

为了在版面上突显贝尔的不同之处，《新文化报》美术编辑特意在贝尔的身后复制了一个夸张的剪影，这一剪影犹如人物的一个投影。美术编辑似乎想以此来告知读者，在这场比赛中，聚光灯一直聚焦贝尔，而全场球迷的目光也是一直围着贝尔在移动。

刊于 2010 年 9 月 24 日《南方都市报》A Ⅱ版　　刊于 2010 年 11 月 4 日《新文化报》第 12 版

刊于 2010 年 1 月 15 日《辽沈晚报》B12 版

▲ CBA 赛完 10 场比赛，辽宁男篮的战绩与江苏队同样为 6 胜 4 负，在积分榜上分别排在 17 支球队的第七位和第八位。虽然战绩相同，但辽宁队同江苏队的状态和士气，却是一个天上，一个地下。

为了体现这一令球迷痛心的局面，《辽沈晚报》美术编辑采用的是剪影法，在篮筐下复制了一正一倒的两位运动员的剪影。镜面的虚像，互成倒影，这就是两队面临的截然不同的境遇。

第三节　形式重复

与上述两种重复不同的是，形式重复是不以原图为母本的，它只是重复参照物的标题、行文、图片的位置，在版面编排上产生"复制"的感觉。

▼在处理两位女星的新闻时，《信息时报》美术编辑有意选取了她们都在开步走路的照片，让人感觉她俩仿佛是齐步同行，而标题、行文及图片的编排也几乎一致，让人感觉十分协调。

当然，出于对新闻事实的尊重，美术编辑还是留了一手，特意将两个色块变成了一个暖一个冷，似乎在提醒读者朋友：这只不过是在版面编排中应用的一个"重复"手法，大家可别看错哦！

▼同样遵循了复制中带变化的准则。四位中国影视女明星出席戛纳电影节庆典，《新京报》版面编辑选择了她们在同一背景墙前拍摄的照片，这样空间和背景的元素就重复了。

在形式上，四张图片以相同的剪裁方式，略有错落地并排在一起，加强了重复的视觉效果。而将巩俐的手和裙摆从图中延伸出来并压到旁边的照片上就属于典型的"变化"了。

刊于 2011 年 10 月 27 日《信息时报》C1 版

刊于 2007 年 5 月 22 日《新京报》C1 版

▶作为公安部的一项专项打击行动，整治酒驾可谓效果最好，也最受人欢迎。原因在于交警 24 小时严查，酒驾者被查到的后果很严重。在盘点年度新闻大事时，《都市快报》将此新闻也列入其中。

为了营造版面的特殊效果，美术编辑在文章的左侧放置了一张视力检查表，右侧重复放置了一张视力检查表，并加以虚化，置于酒瓶内，形象地展示了酒后视力下降的状态。

刊于 2010 年 1 月 1 日《都市快报》第 26 版

▶两个不同性别的人，经历了与往日截然不同的境遇：关在牢狱中的季莫申科被释放，这位"美女总理"立马冲入广场，阐述自己的施政纲要，并号召民众推翻政府；地位显赫的现任总统亚努科维奇为反动派所逼，只得离开首都玩起了失踪，这就是乌克兰扑朔迷离的乱局。

《宁波晚报》编辑在编排这组稿件时，采用形式重复手法，将版面左右一分为二，男女主角的照片放大处理，突出其各异的神情。标题《她回来了》《他失踪了》简洁明了，其中"她""他"采用反白处理，和她、他突然遭遇的与命运相左的事实十分吻合。这种形式上的重复，增加了版面的视觉冲击力。

刊于 2014 年 2 月 24 日《宁波晚报》A09 版

▶《东南商报》此版最大的亮点就是用标题重复法来排新闻，上下两个"如果时光倒流，一定不……"标题一下就抓住了读者的眼球。右上方是 23 岁的美国姑娘凯莉·克里芙科在减肥前后的两张对照图，左下方是对自己曾多次接受整形手术而感到非常后悔的英国前超模凯蒂·普赖斯，版面的右下角还黏贴了一个时钟，与两大女主角要求"时光倒流"的愿望十分吻合。

刊于 2014 年 5 月 29 日《东南商报》第 11 版

▶《D 壹时间》这个版面十分养眼，因为上面展示的是影视界赫赫有名的四大美女——周迅、林依晨、宋慧乔和萧亚轩。在周迅自信亮相的带动下，其他美人也顺势亮相，极具重复味道。这个版面还十分实用，因为它讲的是小个子女生如何穿着打扮的秘诀，可照学照穿。此版最大的新闻点，恐怕还在于透露了大众关心的明星的"小秘密"——身高，原来这些如雷贯耳的大牌明星也只有 160 厘米啊！这一重大信息的披露，对大多数娇小女生来说，无疑是注入了一剂强心针，亢奋得不得了。因为只要小个子女生精心打扮、潜心模仿，哪怕只是学到十之二三，也能沾上几分明星的范儿！

刊于 2014 年 11 月 28 日《D 壹时间》第 12 版

第九章　对比手法

　　对比是静态中的动态，是一种流动美。①艺术形式中的对比因素很多，包括大小、方向、位置、曲直、黑白、明暗、疏密、虚实等。

　　对比法是指将版面中的视觉要素进行强弱对照，并通过对照结果来突出版式主题的一种表现形式。②在版式设计中，无论字与形、形与色等都存在着对比关系。对比关系归纳起来，有大小对比、主次对比、强弱对比、动静对比、疏密对比、虚实对比、色彩对比等，它们之间相互联系，并存于版面之中。各元素之间的对比关系越清晰鲜明，其对比程度就越明显强烈。③为此，美术编辑必须在现有的版面元素中找到特征，再借助于其他表现手法来进行搭配，以期达到对比的效果。

　　在版式设计中，也有美术设计师把对比度形象地称为跳跃率。跳跃率高，适合塑造活泼、跳动的版式风格，给人以活力、热闹、健康、开朗、亲切的印象；跳跃率低，适合塑造典雅、沉静的版式风格，给人以高级、洁净、宁静、舒适、成熟的印象。④说到底，大家要根据版面所要营造的意境，来进行适度的对比。

　　适度的对比，可以突出主题，使视觉流程清晰明确。在使用对比时，要求画面统一，并突出重点的视觉要素。⑤切记，对比完全是为了起到烘托作用，就如"绿叶衬红花"一样。

　　具体来说，可以通过色彩、色调、占版面积、图片等对比，来实现版面表现手法的创意。

---

① 周逢年，张媛，薛朝辉. 版式设计 [M]. 南京：江苏美术出版社，2013：82.

② 陈根. 版式设计及经典案例点评 [M]. 北京：化学工业出版社，2015：110.

③ 艾青，陈琳，毕丹. 版面编排设计 [M].2 版. 武汉：华中科技大学出版社，2014：28.

④ SE 编辑部. 新·版式设计原理 [M]. 曹茜，译. 北京：中国青年出版社，2013：20.

⑤ 马丹. 版式设计 [M]. 北京：龙门书局，2014：118.

第一节　色彩对比

心理学家认为，人的第一感觉就是视觉，而对视觉影响最大的则是色彩。[①]色彩是视觉刺激中人们能最先感知的因素，虽然人们在距画面很远的地方看不到文字和图像的具体内容，但是色彩给人的感觉已经传递到了。[②]只有五彩缤纷的世界，才称得上是美丽的、完整的世界。

上身穿一件白衬衫，下身穿一条黑裤子，看起来就会发觉衬衫特别白，而裤子特别黑。这种现象就称为色彩对比。

色彩分冷暖两种。冷色的诱目性较低，如紫、蓝、绿蓝等；暖色中红、黄、橙的诱目性高。色彩的对比手法也具有很强的诱目性。[③]

以黑白烘托彩色，利用色彩明度的反差形成版面的节奏，称为色变。

所谓色变，指的是利用图片处理技术，人为地造成色彩变化，形成对比强烈的色差效果的一种版面装饰手法。在具体操作上，色变又分为两种：其一是在一张彩色图片上，保留一部分的色彩，而将大部分颜色改为黑白色或灰色；其二是"有意"将几张图片叠加在一起，通过彩色与黑白之比，以达到色变的效果。

版式设计人员为了突出版面的中心思想，营造强烈的视觉冲击力，或赋予版面丰富的感情色彩，往往会采取色变这一手法。

---

① 陈根 . 版式设计及经典案例点评 [M]. 北京：化学工业出版社，2015：79.
② 苑平 . 版式设计 [M]. 北京：中国劳动社会保障出版社，2014：32.
③ 苑平 . 版式设计 [M]. 北京：中国劳动社会保障出版社，2014：35–36.

▼为深切哀悼汶川大地震中遇难同胞，全国举行哀悼日，《河南日报》在处理这一重大新闻事件时，用天安门前降半旗这张大照片来充斥整个头版。按常规手法，将整张照片由彩照改为黑白照便可了事。但版式设计者却"大胆"地启用色彩，将国旗的颜色保留了下来，其余则处理成黑白色。

版面主色调为黑白色，足以表达国人极度悲哀的情绪。挂于旗杆中端的鲜艳的五星红旗，不仅丝毫没有冲淡哀悼日肃穆的气氛，反而暗含了中华儿女顽强不屈的民族精神和生生不息的希望所在，给人以无比的信心和力量。

刊于 2008 年 5 月 20 日《河南日报》第 1 版

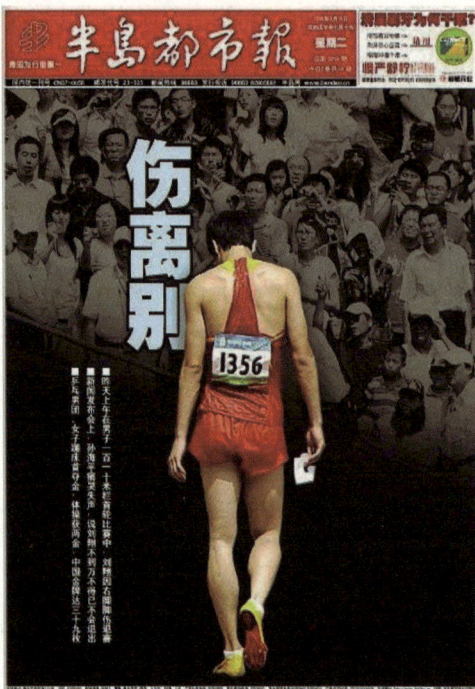

刊于 2008 年 8 月 19 日《半岛都市报》第 1 版　　刊于 2011 年 6 月 12 日《钱江晚报》C9 版

▲本想在自己的国土上再创辉煌成绩的"飞人"刘翔，因伤退出 2008 年北京奥运会比赛。《半岛都市报》用刘翔伤离别这张照片作为头版新闻。图中充满期待后又哀叹不已的观众被处理成了黑白色，从跑道上黯然转身的刘翔被保留了彩色，形成了强烈的视觉反差。读者虽看不到刘翔的脸，但可以想象出他低下头的表情肯定是苦不堪言的。

版式设计人员之所以"不忍心"将刘翔变成黑白色，而将观众及背景进行了色变处理，完全是寄予对刘翔"东山再起"的美好祝愿，希望刘翔早日伤愈复出。

▲《钱江晚报》美术编辑在对这个版面进行色彩对比时，并不是在一张彩照上进行色变，而是采用"黏贴"的手法产生色变的效果。背景图是享有"战地玫瑰"美誉的凤凰卫视记者闾丘露薇亲历的战争照片，因为战争是残酷的，也属"过去式"，采用黑白色，十分合适。主角和她出版的《不分东西》一书保留了彩色，因为"战地玫瑰"是活泼可爱的，书是新鲜出炉的。

这样的色变处理，突出了主体，读者自然会将目光聚焦至间丘露薇以及《不分东西》一书，并深记不忘。

▶《南方都市报》整个版面除了白色的文字，只使用了红和黑两种颜色。红和黑是经典的搭配色，两者可形成强烈的反差效果，大色块的对比和小面积的交错更加强了冲击力，色彩的魅力得到了恰到好处的张扬。

在色彩对比中，除了彩色与彩色、彩色与非彩色的对比，非彩色之间的对比也经常被运用于版面设计，其中最典型的就是黑白对比，而文字反白则是最常用的黑白对比表现方式。

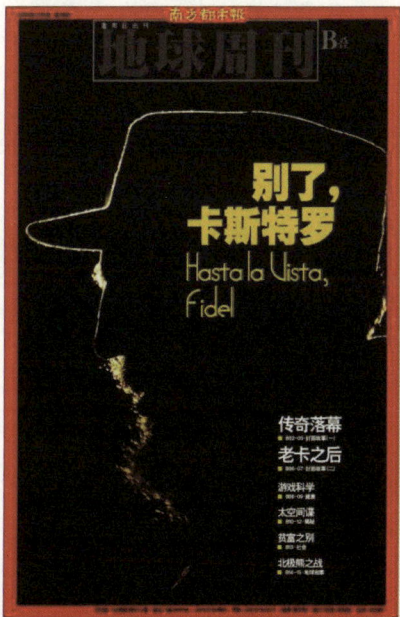

刊于 2007 年 5 月 8 日《南方都市报》B1 版

刊于 2008 年 3 月 2 日《南方都市报》B1 版

◀《南方都市报》此版也同样以黑色为主，白色光边勾勒出古巴领导人卡斯特罗的侧面头像，标题用黄色来反衬，与头像的光晕形成呼应。

刊于 2007 年 2 月 16 日《第一财经日报》T1 版

◀《第一财经日报》彩墨对比是指单一彩色和黑、灰、白等非彩色的对比。在这个版面中，红色和富于多个层次的墨色形成了独特的视觉效果，庄重、有力量而不张扬，具有历史文化美感。

第二节 色调对比

一个色彩构成总的色彩倾向被称为色调，不仅指单一色的效果，还指色与色之间相互影响而体现出的总体特征。色调是一个色彩组合与其他色彩组合相区别的体现。[①]

在通常状况下，版面色彩的主色调所占比例为 60% 左右，只有这样才能压住版面形成最终色调。色彩自身具有极强的感情倾向，对于读者的心理、情感均会产生一定的影响。因此，在进行版面设计时，需着重关注色彩定位，赋予其较为突出的感情倾向。[②]换句话说，在版式设计中，一定要根据稿件内容来确定色调的趋向。

色调对比，说到底是虚实之比。虚实的本质是人的眼睛由于焦距而产生的视觉差异，空间的远近、光影的强弱以及运动的快慢，都能体现出虚实感受。[③]色调对比的好坏，最能体现新闻设计者的功力所在。如果色调对比不好，可能会给读者带来视觉上的污染。

▶一个青花，一个红花，两个瓷瓶相同造型、不同釉色，又以对称形式布局在主稿的两侧，清新素雅，十分养眼。

《徐州日报》美术编辑的工作绝对不仅于此。对于周边的照片、条纹装饰，美术编辑始终用青、红两个色系作为主导，把整个版面的色彩基本收入这两个色系的"麾下"，与主图遥相呼应。

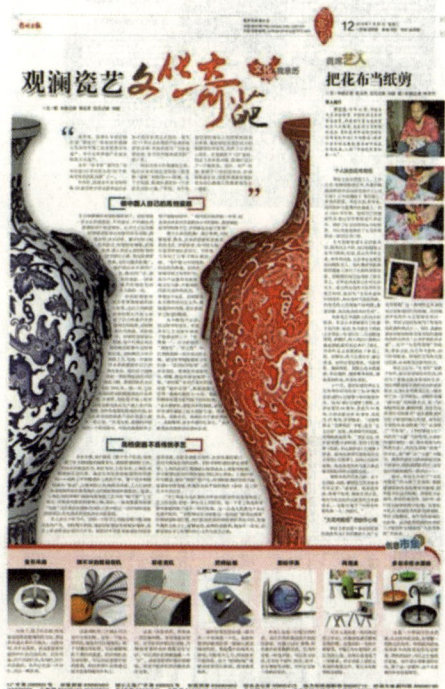

刊于 2011 年 1 月 25 日《徐州日报》第 12 版

① 盛希希，唐立影. 版式设计 [M]. 北京：北京大学出版社，2013：7.
② 韩方林. 报纸版面设计中视觉元素的配置及效应 [J]. 新闻战线，2015（13）：131–132.
③ 周逢年，张媛，薛朝辉. 版式设计 [M]. 南京：江苏美术出版社，2013：25.

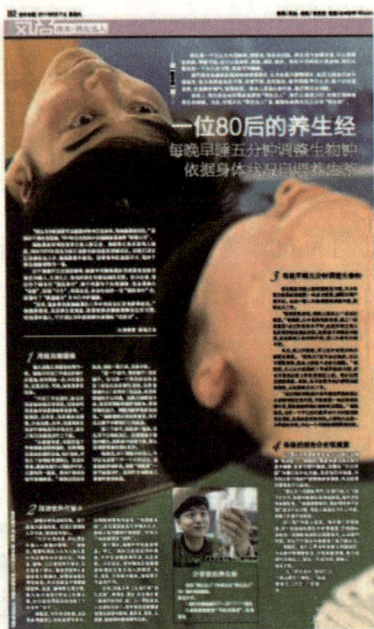

刊于 2011 年 6 月 11 日《青年时报》B2 版

◀《青年时报》这个版面的色彩基调，首先取决于大底图照片。但是，肤色、蓝色、绿色几个系列却相融得非常自然。

　　整个版面以冷色基调为主，又有少许暖色搭配，可以说，色调一边有着比对，一边又相互交融。

刊于 2014 年 1 月 1 日《东南商报》第 25 版

◀这是一个《东南商报》年度盘点的版面，用"女汉子""涨姿势"（"长知识"的谐音）和"土豪金"等三个网络热词作为小标题，细述了体坛年度热门话题。编辑在用色上很有讲究，"女汉子"配红色，"土豪金"配土黄色，"涨姿势"因为是体坛的那些事让人们涨了知识，自然要用象征急需获取"营养"的禾苗色了。

　　三种呈不规则形的色块，巧妙地划定图文区域，打破了传统版式的竖横分割结构，给人一种全新的视觉享受。

第三节　占版对比

　　版面各个部分之间总是存在某种比例关系，或平均分成几部分，或你多我少、我少你多，有的区别不大是四六开，有的差别达到二八开甚至一九开。这种比例关系不仅呈现的是内容之间的主次，也是视觉上的主次。

　　▼《南方都市报》的这个版面从版面造型来说，线的粗细、形的大小及分布均会产生美学效果。这个版面因为主照是异形的长竖幅，占据了左半块版面，视觉重心明显向左倾斜，版式设计者在右边以长竖黑底纹将版面重心往右拉回来，使画面趋于稳定协调。版面看似右边内容的实际面积并没有左边多，但因其色彩厚重，在视觉上却达到了对半分的效果。

　　需要注意的是，在运用造型要素时，用来调和的要素不能过于夸张，否则会削弱画面主体的视觉吸引力，产生本末倒置的副作用。

刊于 2007 年 4 月 18 日《南方都市报》A41 版

刊于 2007 年 2 月 8 日《篮球先锋报》第 05、06 版

◀应用黄金分割法对版面进行布局安排，获得的各版块内容之间的面积比例，一般就是经典的黄金比例，能让版面更加符合视觉美学的要求。

《篮球先锋报》这个版面就是遵循黄金比例，对左右、上下进行编排，如中间偏右的竖向贯穿线、中间偏上的横向贯穿线都基本处于 0.6 的黄金分割点位置，然后再继续按黄金比例"切割"，得出了最终的版块布局。

▶《苏州日报》这个版面几乎完全把版面位置留给了主图，达到了一九开的水平，只在上下边缘，略留出一些位置放置其他的版面元素。主图具有纵深感，使版面的立体感得到加强，版面本身的空间局限也得到了某种延伸，美术编辑为此可谓不惜面积。

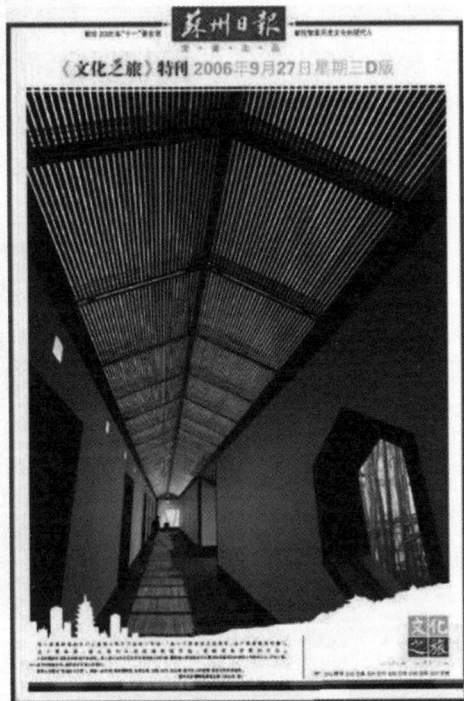

刊于 2006 年 9 月 27 日《苏州日报》D1 版

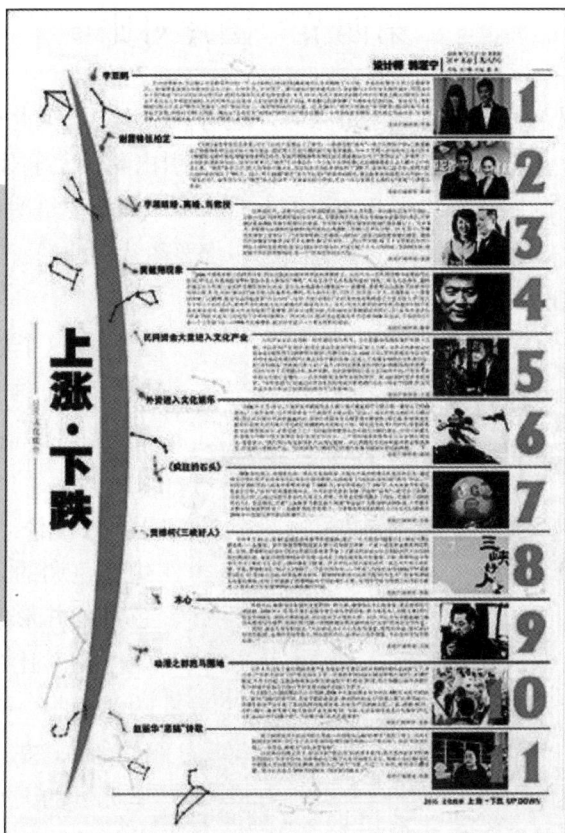

刊于 2006 年 12 月 31 日《深圳商报》C1 版

▲当报道内容数量多，每个部分的内容量又比较接近时，对版面进行平均分割，不失为一个好办法。

《深圳商报》这个版面的文字内容一共有 11 个部分，对于一个版面来说不算少，美术编辑索性进行均匀地并列排列，加上左边统一的"提纲挈领"式的大标题引领，反而呈现出一种精致规整、齐中有破、错落有效的视觉效果。

第四节　图片对比

　　一般情况下，千万不要把每张照片放得大小均匀，如此读者看到的是编辑对每张照片的主次没有自己的想法。[1]由此，引出图片大小对比的必要性。

　　若版面上的图片有 3 张及 3 张以上时，美术编辑要给图片的大小排个队，从大到小的次序往往是这样：主要图片→次要图片→配图，通过大小对比，来显示图片的主次及美术编辑的主张。

刊于 2012 年 2 月 7 日《春城晚报》第 1 版

　　◀这个版面通过以龟裂土地为背景图，对 3 张图片进行处理组合，形成了几组逻辑对比关系。

　　首先是视觉色彩上的，左边蓝色调的天空，和右边黑灰色调的井形成对比。其次是视角上的对比，左边是仰拍，右边是俯拍。再者是相呼应的对比关系，左边是烈日当空、万里无云的天空，右边是见底的井，是同一个体裁的不同表达。几组逻辑对比关系，共同强化了水旱的新闻报道内容。

---

[1] 谢雨玫.图片编辑与版面设计 [M].北京：中国摄影出版社，2009：84.

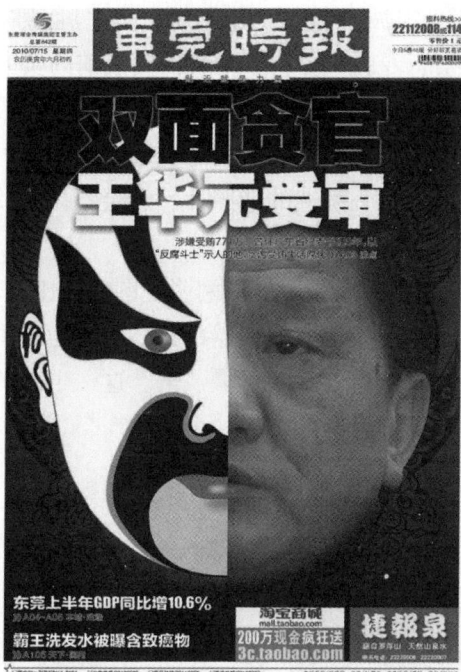

刊于 2010 年 7 月 15 日《东莞时报》第 1 版

刊于 2010 年 8 月 10 日《辽沈晚报》A10 版

▲"双面贪官"什么样？《东莞时报》的美术编辑引用了一张京剧脸谱来诠释。这张京剧脸谱按分类属于"白脸"，多用于狡诈奸佞角色的妆容。以半张脸谱和半张真人照片组合，恰恰表达了"双面"的意思，又在视觉上形成对比冲突。巧妙的是，"白脸"又隐射了贪官之"贪"。

▲《辽沈晚报》这个版面所呈现的是最常见的一种组图的编排方式：选取一张主图，占据最大的版面空间，另外的小图按照一定的手法进行排列。在图片版式确定下来后，美术编辑又在图片内容上花了一点小心思，主图是所有图片中唯一一张剪影照片，其他的都是实景照片，这从视觉内容上来说，形成了一种对比反差。

▼为纪念中日甲午战争爆发120周年,《宁波日报》推出了“新·旧”“胜·败”“兴·衰”等三个《甲午战争120周年祭》专版，分析了中日两国战前的实力对比和战祸的不可避免，展现了战争的爆发与主要战役的过程，揭示了中国惨败的原因和战争对两国的重要影响。在版式处理上，编辑用尽心思，选用中国红及篆刻图案、线条等中国传统元素，加上精心挑选的老照片、老绘图，以及灰黄的底色调，加重了历史的沧桑感。

这个版面下半部分最大的亮点在于《中国为何惨败？》两张配图的对比上。左图为日军演习图，人很小，表明日本乃弹丸之地，但武器精良；右图为清军弓箭手，人很大，表明清朝乃泱泱大国，虽貌似威武却不堪一击。这一生动的对比，战争的结局不言自明。

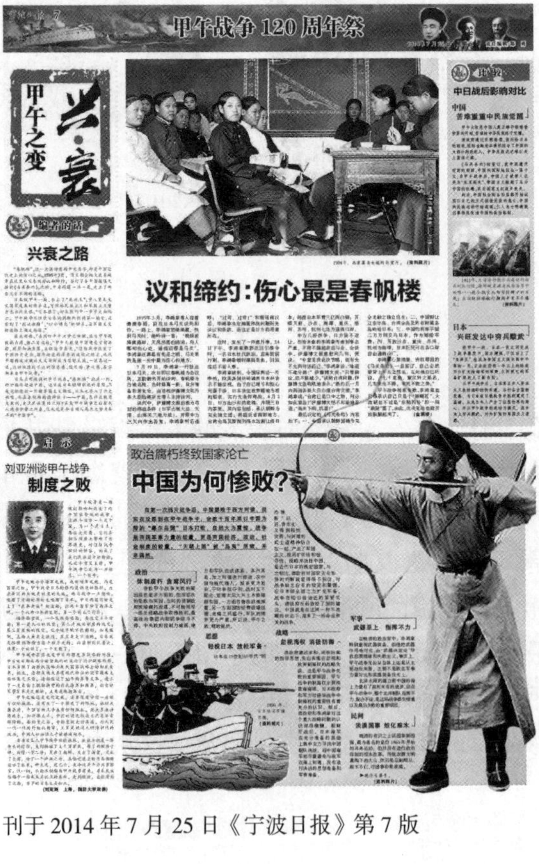
甲午战争120周年祭

甲午之变

兴·衰

编者的话

兴衰之路

议和缔约：伤心最是春帆楼

比较

中日战后影响对比

启示

刘亚洲谈甲午战争

制度之败

政治腐朽终致国家沦亡

中国为何惨败？

刊于2014年7月25日《宁波日报》第7版

刊于 2016 年 1 月 25 日《东南商报》第 1 版

▲ 2016 年的 1 月下旬，宁波气温骤然下降，市区最低气温达到 −8℃，创下近 30 年来的新纪录。宁波景区东钱湖边上呈现了冰挂植物的特殊景象。这对从未见过此景的宁波人来说，真是太令人神往了！为此，《东南商报》编辑也在版面中抑制不住内心的激动，用"冻钱湖"夸张地做了主标题。

美术编辑在选用图片时，巧妙地应用了对比手法：因为是难得一见的奇观，即使是身处极其寒冷的湖边，市民见到冰挂时的笑容还是那么的甜蜜动人；版面右下角是一张赶火车女子的照片，虽然她肩背小孩，双手还提着行李，但神情是自然的，脚步是飞快的，因为能够早日回家是她再苦再累也不怕的源动力。这两幅图片的对比，都是人性化的本质体现。

第十章　对称手法

　　对称，是自然美的形象表征，譬如各种动物及植物的花叶等大多呈对称形式，包括我们人类自身的形体也是左右对称的。对称的形态在视觉上有自然、安定、均齐、协调、完美的朴素美感，符合人们的视觉心理与阅读习惯。对称理论始终贯穿于平面设计的"排兵布阵"，同样也适用于报纸版面的设计与编排。限于报纸的特性，美术编辑可使用的对称设计方法有轴对称、中心对称、色彩对称等。

　　对称性设计，是对大自然的有机模仿，在这种模仿中，人类能得到感官的愉悦和情操的陶冶，进而产生有益身心的审美感受。但在报纸版面设计中运用对称法则，也要避免由于过分的绝对对称而产生的呆板感，有时候在整体对称的格局中加入一些不对称的因素，反而能增加版面的生动性和美感。

　　对称型版式是将版面划分为上下或左右两部分，并分别配以图片和文字，使整个版面产生安定、稳固的视觉效果。对称是表现平衡的完美状态，是一种"力"的均衡。对称型版式的形态结构具有整体性、协调性与完美性的特点，是日常生活中常见的版式类型。[①]这也是美术编辑喜欢运用对称手法设计版面的原因所在。

　　对称是指图形或物体相对应的两边的各部分，在对称轴或对称点两侧形成等形、等量的对应关系，在大小、形状和排列上具有对应的关系。自然界中的许多事物都具有对称的造型，比如人体、蝴蝶、树叶等。对称可分为完全对称和不完全对称两种，前者具有很强的整齐感与秩序感，后者则是在统一中寻求变化的对称。[②]

　　使用对称进行构图和排版，能够营造均衡的安定感和精致感，给观者以深刻印象；相对于对称构图，不对称构图则能表现动感、不安定的感觉。[③]不

---

①　马丹.版式设计 [M].北京：龙门书局，2014：71.

②　艾青，陈琳，毕丹.版面编排设计 [M].2 版.武汉：华中科技大学出版社，2014：29.

③　SE 编辑部.新·版式设计原理 [M].曹茜，译.北京：中国青年出版社，2013：16.

对称编排，能使版面充满变数，对于美术编辑来说，创作空间更大。因为构建或故意打破视觉平衡，是喜欢挑战的美术编辑的最爱。

具体来说，对称手法可以应用在编排形式、内容及图片等方面。

第一节 编排上的应用

版面编排强调的是以变化来吸引读者眼球。在具体操作上，对称的手法在版面编排上应用得比较多。

刊于 2006 年 11 月 3 日《重庆时报》第 21 版

▲中心对称的版式设计需要精心编排才能达到出人意料的效果。在《重庆时报》版面中，一场球赛的双方一赢一输被编排成一上一下，特别是下半部分的文字、图片都是颠倒的，需要读者将报纸旋转 180 度来看。版面上下两个部分的内容，无论是图片还是文字，围绕中心旋转 180 度之后，在布局上完全可以重叠起来，这就是非常工整的中心对称设计。

虽然这种排版并不便于阅读，但其设计风格异常突出，令人过目难忘，而且将比赛输赢的氛围也展现得淋漓尽致。

▶标题的走向，图片的布局，文字的安排，在《广州时报》这个版面里都是按照对称原则来编排的。若再看仔细一些，便会发现原来版面的整个背景底纹是一个篮球场。篮球场本身就是一个对称图形，按照它排出的版面十分"对仗"。

刊于 2009 年 1 月 24 日《广州日报》A13 版

▶用四个小版面组成四个导读，对称均匀，这等编排手法实在大胆又前卫，给人以全新的感受。看完该版面，我们又深为《东南商报》版面编辑与美术编辑的敬业精神所感动——他们在晚上有限的时间里，一口气做了四个版面，且每个小版面都是图文并茂、标题引人入胜、编排精致，这种"版不惊人死不休"的编辑作风，令人钦佩。

新闻要新，版式更要追求天天创新。因为报纸映入读者眼帘的第一幕就是版式。版式犹如人的外表，靓丽的衣着，加上合适的搭配，引人"回头"的概率总归会高些。

刊于 2014 年 11 月 4 日《东南商报》第 1 版

第二节　内容上的应用

内容为王是办报人的宗旨，也是决定版面形式的根本所在。对称的手法，也完全可以应用于版面的新闻内容上。

那么，内容如何对称呢？这似乎是个很难的问题。我们只能借助标题对称、色彩对称或色块对称，来构建与新闻内容相符、相衬的一种视觉上的对称。

▼在报纸版面设计过程中，色彩对称在设计基础理论中也占有非常重要的位置。色彩对称是指两种颜色组合后存在着颠倒或互换的关系。

《新快报》此版在轴对称设计的同时，运用了色彩对称和标题对称，比如，球衣与底纹的橙蓝搭配，标题中"火焰"和"海水"的对比，强化了新闻内容的关系特征。

刊于 2008 年 6 月 9 日《新快报》A17 版

▶法国走到了"十字路口"，面临着因选择哪位领导人，会出现转向不同的情况。《山东商报》版面选取法国国旗的主要色块蓝白红，直接画出一个十字路口，把两位候选人放在"路口"，展现出平衡对称的格局。

　　左转还是右转？选择的难题似乎就在这个平衡对称中显得更加纠结。

刊于 2012 年 4 月 22 日《山东商报》B1 版

▶春节前夕，《东南商报》在头版推出了《舌尖上的宁波年菜》——邀请宁波菜研究会的大厨们精心推荐了十道宁波传统创新菜，每一道"年菜"都采用地道的宁波食材原料，延续了传统宁波菜肴的经典做法，但不因循守旧，不墨守成规。第 3 版里还详尽介绍了每道菜的具体做法。这对吃货来说，是最好的过年礼物，邀请亲朋好友到家聚餐时，就可以对照报纸现学现烧。美术编辑在版面创意中，充分运用了对称的手法：以一个青花瓷盘为中心，两边对称排列着各五道创新菜名；为了与下面半版广告对称，上面半版的设计包括用色、花框、标题等尽量与之保持一致，上面是过年时吃的，下面是过年时要穿的、要用的，这也算是内容上的一种对称。

刊于 2016 年 2 月 6 日《东南商报》第 1 版

第三节　图片上的应用

图片是版面设计中必不可少的重要元素，利用图片来设计对称式版式，或动用图片中固有的对称元素来设计版式，其效果也是不错的。

刊于 2007 年 4 月 2 日《新京报》A32、A33 版

▲《新京报》版式设计者用富于动感的运动员游泳照片横向贯穿连版，以人体的左右对称为主轴进行设计编排，左右两边照片、文字区域所占据的面积和位置基本相同，完成了一个典型的轴对称版面。

这种对称格局不仅使版面显得更加和谐、均衡，还增强了新闻主照的现场感和动态张力，信息传达更为准确直接，易于阅读。

▶在现实生活中，有很多东西是对称的。其中有一样我们最为熟悉，那就是门。

《钱江晚报》美术编辑直接利用对称、庄重的清华园大门，作为版面的主体视觉元素，"清华百年"的厚重感跃然于纸上。

刊于 2011 年 4 月 18 日《钱江晚报》C1 版

▶将十件与猴相关且收藏于宁波的文物陈列于版面上，《东南商报》以此向读者拜年，也算是一种创新。为了让文物及文字说明有个好的归处，美术编辑特意在版面上安置了一个博古架，将它们一一装入其中。照理说，借用这个本身对称的博古架，排出来的版式应该是对称的。但美术编辑故意不这样做，而是将文物错落有致地排于博古架旁。注意，整齐排列的是茶壶、扇子、鼻烟壶等相对稳重的文物，而排列略散的是双猴、子母猴、坐猴、灵猴等造型活泼的文物。试想，自由散漫惯了的猴子怎可能老老实实地待在博古架的格子里呢？

虽然版面有打破对称的手法，但总体编排还是谐调、匀称，符合读者的审美情趣。

刊于 2016 年 2 月 5 日《东南商报》第 1 版

第十一章　隐喻手法

　　隐喻，也可称暗喻，是文学创作中惯用的一种手法，即表面看起来是这么回事，细究起来，却发现背后隐含着另外一种寓意。在版式设计上，隐喻的表现特征为：表象往往是相对简单的画面或装饰，也没有特别的提示，让人看了觉得版式很一般，至少不会引起过多的关注；但透过表象，结合标题、正文及编排手法，再仔细观察，就会惊奇地发现其蕴藏着更深层次的含意，这是美术编辑想要通过自己特有的手法向读者表达的意思。这种惊喜用"山重水复疑无路，柳暗花明又一村"来形容，是再合适不过了。

　　一般来说，美术编辑可以通过背景、图片、线条、底纹、标题等来达到隐喻的效果。

第一节 背景隐喻

　　在普通状态下，版面使用的背景常常是配角，甚至很容易被读者忽略。然而，优秀的美术编辑不会放过任何一个让版面更加完美的机会。在版面的背景中加入更多想表达的内容，是美术编辑无声的宣言。

　　▼在 2008 年北京奥运会上，国人都期盼着中国能"开门红"，拿下第一块金牌。当这个梦想实现的时候，这一新闻事件也成为当天媒体争相报道的内容。

　　《新华日报》在版面处理上，不仅使用了举重运动员的大幅照片，还把鸟巢开幕式时的场景照片用作背景，那缤纷闪闪、四溅喷射的礼花，不正是对"首金"最好的庆贺吗！

刊于 2008 年 8 月 10 日《新华日报》北京奥运会特刊

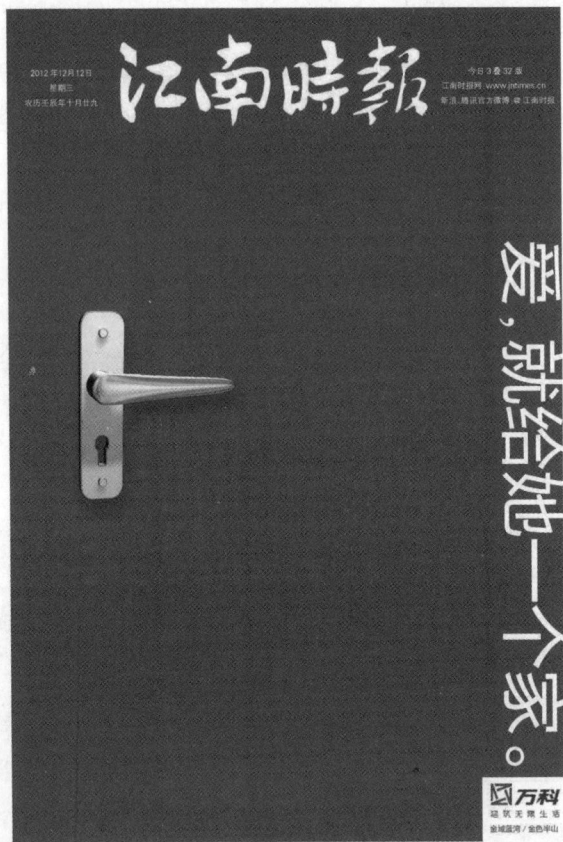

刊于 2012 年 12 月 12 日《江南时报》第 1 版

▲一扇鲜红的门，一把银色的锁，谁是那个拿着钥匙即将开启这扇门的主人？《江南时报》的这个版面背景，似背景，又不似背景，完全可以成为版面的主角。

不过，版面右边那句竖向怪异编排的《爱，就给她一个家》的标题，是在诉说门的"意图"，还是"门"已经传递了这句话的"情感"？

第二节　图片隐喻

隐喻要给人以想象空间。隐喻含隐藏之意，其外部特征是不能一眼就被人们识破的，这犹如"躲猫猫"一样，能闻其声，也肯定能找得到，但不花点工夫一下也难以找到。

因此，在使用隐喻时，美术编辑要尽量给读者留足想象的空间，让读者通过自己琢磨，发现其中"奥秘"，获取那份特有的惊喜和快感。而用图片来实现隐喻的目的，不失为一个好方法。

▶在网络普及的当下，人们的阅读习惯慢慢从纸质图书转移至网络阅读（电子阅读器），从而引申出"网络之下'书'之争"的话题。

《青年时报》美术编辑巧妙地启用隐喻手法，将"纸书"与"网书"置于版面的中间摆出"擂台"："纸书"敦实厚重，挺身直立，说明大多数读者还是保持着从前的阅读习惯，"纸书"还有市场；代表"网书"的电子阅读器斜靠于"纸书"上，尽管其轻巧单薄，但姿态绝对潇洒舒坦，甚至有点慢慢悠悠，因为随着其读者群的不断壮大，"网书"的厚度和重量将会逐渐增强，不日便会轻易地将"纸书"压垮。

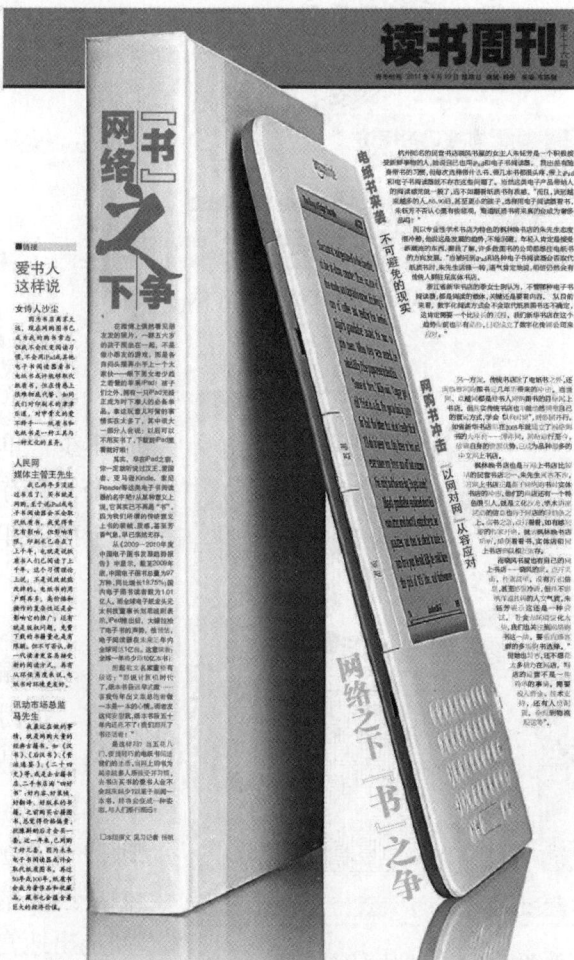

刊于 2011 年 4 月 10 日《青年时报》A16 版

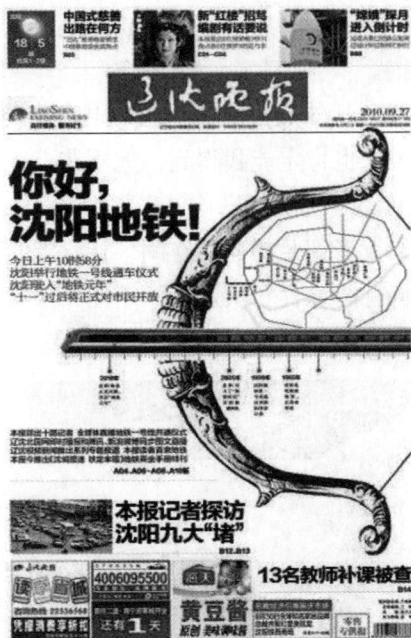

刊于 2010 年 9 月 27 日《辽沈晚报》A1 版

◀ "箭在弦上，不得不发。"沈阳地铁即将开通，《辽沈晚报》美术编辑就想用这句话来诠释。他（她）做到了，而且诠释得很直接、很形象，给人印象深刻。

但是，这句话的文字却没有在版面中任何位置出现，这就是图片隐喻的魅力。

刊于 2014 年 6 月 18 日《D 壹时间》第 1 版

◀ "单独二孩"政策的正式落地，让不少"单独"家庭为之雀跃。可兴奋之余，又有多少年轻的爸爸妈妈想过养两个孩子可能要遭遇的种种"酸甜苦辣"。于是，《D 壹时间》记者采访几位"过来人"，来谈谈养二孩的那些事儿。

美术编辑在版面上画了一个大大的迷宫，进门一头是爸爸、怀孕的妈妈和小孩，这是一个即将由三口变为四口的幸福家庭，然而一看他们要经过如此烦琐曲折的迷宫，不禁令人头晕。因为他们要经受精力、金钱等种种考验，方能如走出迷宫的四口之家一样，享尽天伦之乐。虽然只是一个导读版，但明显能感受到，美术编辑在营造图片隐喻的造诣上还是有相当功力的。

　　▼一看标题《颤抖吧！肉肉》，已被深深地吸引！再观一女生趴于地上，全神贯注地做着当年最火爆的"懒人减肥法"——平板支撑，尤其是女生背上趴着的小猫，也许是女生耐力过人，支撑的时间过长了，连小猫也迷糊着睡去了，心里不禁笑出声来。美术编辑，你实在是太搞笑啦！

　　如果《D壹时间》美术编辑作图时在女生的额头上再添几点汗滴，表明此运动虽是固定不动（故称为懒人减肥法），但要做到动作规范，时间一久还是相当耗费体力的，出点汗是很正常的反应；懒猫的鼻孔旁也可以加几个"Z"字符号，表明猫睡得很沉了，连呼噜声也出来啦！那图片带给人们愉悦的隐喻效果就更佳了。

刊于2014年10月22日《D壹时间》第1版

刊于 2016 年 1 月 7 日《东南商报》第 1 版

▲对于国人来说，一到冬天就会"提霾色变"，雾霾天气已成为环保治理的首要任务。"治霾科学家"、美国斯坦福大学材料系华裔终身教授崔屹率领团队来到宁波，他研制的治雾霾神器——纱窗膜的生产项目或将落户宁波。这对国人来说无疑是件特大喜讯！

《东南商报》美术编辑将宁波遭遇重雾霾的资料图片作为版面的底色，同时"搬"来了不少道具，中间是一块崔教授研制的纱窗膜，四周还固定着 6 个夹子，右侧还有实验用的两个瓶子。"纱窗膜"由下至上颜色渐渐变淡，直至碧蓝天空，隐喻即使遇到再大的雾霾，室内的空气也照样清新舒适。

第三节　线纹隐喻

　　隐喻是隐而不露的。隐喻的最大特征就是版面中暗藏潜台词，有美术编辑隐而不发之言，读者要细细体味才能品出个中滋味。这种隐喻，可以借助线条或底纹来实现。

　　▼如今，就业难已成了人们最为关注的问题之一。"毕业等于失业"，虽然此话有些言过其实，但或多或少也反映了当前毕业生的就业压力和困难。

　　在盘点年度教育新闻事件时，《新快报》美术编辑故意不在版面中出现"压力大"等字眼，而是在版面上随手用笔勾勒了一个超大的鸭梨，里面填充了《教育谈何容易？》的正文，鸭梨柄上排了关键词——"毕业生"。"鸭梨"谐音"压力"，超大的鸭梨隐喻毕业生超大的压力。而置于鸭梨四周的"书法课""三字经""绿领巾""五道杠""奥赛""雅思托福""狼爸虎妈""16岁博士"等字眼，也采用了隐喻法，表面上字迹浅淡，甚至有些模糊，但实质上却令人观后感慨万千，因为它们真实地反映了当前教育面临的窘境和毕业生承受的压力。

刊于 2012 年 1 月 10 日《新快报》C1 版

刊于 2010 年 12 月 9 日《辽沈晚报》第 1 版

◀两个黑色有形的底纹，上面一个是男人的半身像，下面一个是穿着高跟鞋的两条美腿。这样的"嫁接"，到底要表达什么意思？一看标题《25岁小伙求变女儿身》，我们终于明白了《辽沈晚报》美术编辑的用意！

刊于 2014 年 10 月 23 日《D 壹时间》第 1 版

◀一年一度的校园招聘拉开帷幕，"招聘面试"是准大学毕业生绕不过去的一道门槛。"面试官的脑子里面到底是啥？"这是应聘者最关注的话题。

《D 壹时间》美术编辑在版面上放了一张图片，三位面试官端坐其上，然后用"手撕法"将面试官的头部撕掉，留下一片空白的底纹，表明面试官的题目是难以琢磨的，面试者凭空很难猜测；同时也隐喻面试官是不讲情面的，没有真才实学，休想蒙混过关；另外，还有一层意思，那就是告诫参加面试者也要撕掉自己的面子，大胆回答提问，说不定就会有奇迹出现。

▼隆冬时节，宁波一家高档自助火锅餐厅为 120 名环卫工人免费提供了一顿丰盛的午餐。按理说，此类稿子的配图一般会选环卫工人围桌吃饭的情景，然而，《东南商报》摄影记者却敏锐地捕捉到了环卫工人步入餐厅前的瞬间，而版面编辑也认同了这张最能反映社会尊重环卫工人的照片，并将其放大至通栏。

这张照片确实拍得好，图中的两排服务员列队微笑欢迎，有的还鞠躬迎接，足见爱心餐厅的诚意；环卫工人戴着帽子且侧着脸，但也没有全部遮住其高兴且略带害羞的表情。美术编辑索性在环卫工人的脚底下用底纹铺上了“红地毯”，并延伸至版面中部，将热烈隆重的气场表现到了极致。这一底纹的创意应用，锦上添花，隐喻着编辑部对“城市美容师”的最高礼遇。

问道·闻道·论道·传道
東南商報
2015年12月31日 星期四
新闻热线 87270000 或 13867800000
河蟹鲍鱼三文鱼 高档海鲜随便吃
宴请城市美容师
这个范儿爽！
鸭头店老板娘汤里加罂粟壳获刑 5 年半
这家小区另类“豪奢”：
居民找车位焦头烂额 地下车库却出租经营
08版
宁波最美城管人评选揭晓
他们很平凡 又特别不容易
12~13 版
大型商业广场撞脸严重 审美疲劳怎么破?
03版
今晚打开电视机 跨年晚会哪家强?
15版
宁波银行 BANK OF NINGBO
全国统一客服热线：95574

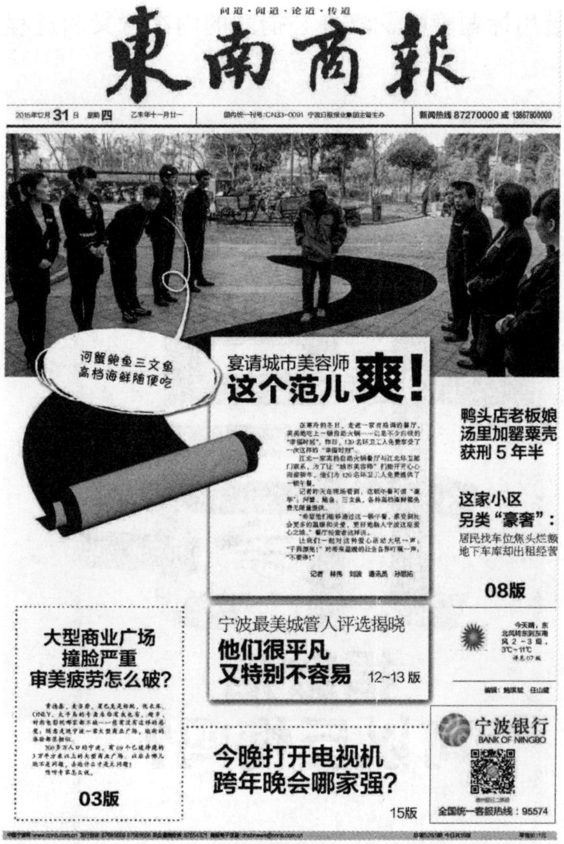

刊于 2015 年 12 月 31 日《东南商报》第 1 版

第四节　标题隐喻

隐喻是简约而不简单的。隐喻的表象一定要简洁,越简洁越能衬托出其背后蕴含的深刻性。有时候,巧用标题或文字,也能达到隐喻的效果。

▼《云南信息报》版面突出处理了一个"捐"字,"捐"字的上下两横均用手臂代替。粗略地看会以为这只不过是美术编辑的一个小小创意,换个花样,弄点新鲜感而已。然而,细看却发现暗中还另藏玄机:这伸出的两个手臂,既表示捐款是众人伸出热情手臂无私捐赠的,也有号召众人都要伸出双手,齐力扶住"捐"字之意,因为捐款就是一个"众人拾柴火焰高"的过程;而一旦缩回上下双臂,也即标题所指的"捐款反悔",那"捐"字也就四分五裂,不复存在了。

美术编辑借用标题隐喻,将爱心捐款的内在含义和过程演绎得十分形象生动。

刊于 2013 年 7 月 9 日《云南信息报》特 1 版

▶刑诉法大修，不再强求"大义灭亲"。面对这样的新闻题材，或许有不少编辑或美术编辑，都很难找到合适的图片来配合表达内容。

《山东商报》的美术编辑却在一个"灭"字上做起了隐喻文章。把"灭"字笔画中的一横两点进行虚化、淡化处理，对剩下的"人"字以红色加以突出。这不就是在说，不强求"大义灭亲"是一种更加人性化的法治进步吗？

▶何谓"垃圾人"？美国人大卫·波莱给出的答案是："有些人就像垃圾车，他们装满了垃圾四处奔走，充满懊恼、愤怒、失望的情绪。随着垃圾越堆越高，他们就需要找地儿倾倒，如果谁给他们机会，他们就会把垃圾一股脑儿倾倒在他身上。"

《D壹时间》美术编辑在版面上用漫画画了一个垃圾人，身上装满的是"嫉妒、偏见、抱怨、烦恼、傲慢"等垃圾，打开他的头脑，表明他即将要向人倾倒藏于肚里的垃圾。为此，美术编辑用标题隐喻手法及时提醒在垃圾人身旁的人们：赶紧拔腿"躲开"！看，一"躲"一"开"两人手脚并用跑得多快，哪管汗流浃背、大汗淋漓！

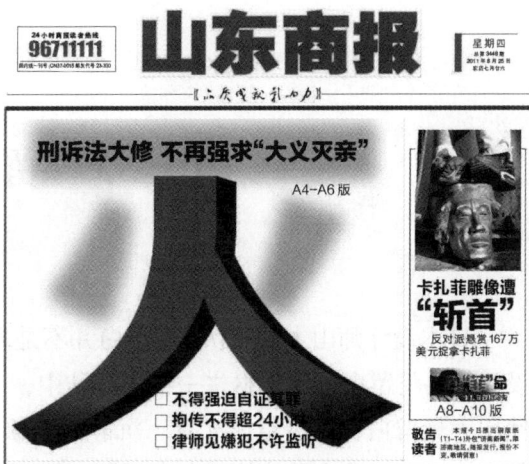

刊于 2011 年 8 月 25 日《山东商报》第 1 版

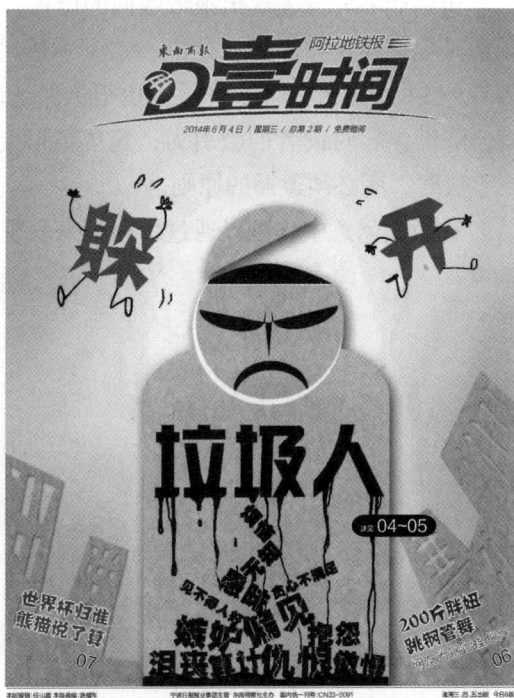

刊于 2014 年 6 月 4 日《D 壹时间》第 1 版

第十二章　留白手法

　　日本设计师山本浩司认为，留白并不是多出来的空间，而是有意识的安排。设计师要将留白视为素材之一纳入设计中，引导视线，营造设计中的空间感。使用大量留白，则会给人充裕、沉静的印象。[①]留白，是中国传统绘画的一种最高境界，追求入墨疏淡，空白无际，以画面空白构造出空灵清新的韵味。作为艺术创意的版面设计，也可借鉴留白手法，以营造出朗朗的空间感，赋予版面创意以广袤深远的意境，更可以给读者留下无限的想象余地。

　　留白能够充分表现出报纸版面的语言，因此在进行版面设计时，需对留白元素科学把控。在版面设计中，"密不透风，疏可跑马"便是其美学原则。[②]如果必要的信息量原本就很多，也很难保证足够的空白，那么硬要将素材缩小，就会降低内容对读者的吸引力，这类情形要酌情处理。[③]这也是我们在使用留白手法时，所必须遵循的原则。

　　在版式创意中，可以通过留白，来表现空间感、表达象征意义、呈现特殊意境。

① SE 编辑部.新·版式设计原理 [M].曹茜，译.北京：中国青年出版社，2013：19.
② 韩方林.报纸版面设计中视觉元素的配置及效应 [J].新闻战线，2015（13）：131-132.
③ SE 编辑部.新·版式设计原理 [M].曹茜，译.北京：中国青年出版社，2013：19.

第一节　表现空间感

空白并非无用，它在突显文字和图片中担当了重要的角色。散落的版面布局，通过对空白的设计布局也能制作出具有紧缩感的页面设计。[①]留白，对版面空间的表现力还是很强的。

▼《辽宁日报》该版将"中国势"三字剖为两半，作为版面的"门柱"分列左右，构成雄伟壮观的气势，意味着中华人民共和国经过 60 年的奋斗已越来越强盛。两根"门柱"之间自然成了一片空白。

细看留白处，自下而上、由窄转宽，分明是向读者传递着"中国前进的道路必将越走越宽"这一信号。

刊于 2009 年 10 月 1 日《辽宁日报》第 1 版

[①]　谢雨玫. 图片编辑与版面设计 [M]. 北京：中国摄影出版社，2009：107.

▼《东莞时报》版面上方是一大群当代作家的头像，估摸着有 300 多个，排起来肯定很费时间。

版面下方却是一大片空白，为什么？版面的主标题给出了"解释"：谁是未来文学大家？原来是给人以思考想象的空间。只能说，这一大片空白，美术编辑是费尽了心思。

刊于 2012 年 4 月 8 日《东莞时报》B01 版

第二节 表达象征意义

留白，可细分为中间留白、上下留白、四周留白三种。但无论哪种留白，美术编辑都想以此传达某种意思，或表达一种象征意义，给读者带来一定的想象空间。

▼《海南日报》美术编辑将编辑部祝贺2008博鳌亚洲论坛年会开幕的社论排成正方形，与排成正方形图章的标题《领袖博鳌》相谐，又好似一张中国人招待宾客的"八仙桌"，置于版面中间，四周大量留白。

这些留白处，四面透风，让人联想到博鳌论坛既能容众多政要、商界巨头及专家与会，又能容不同政见者在论坛上畅所欲言。

▼一看版面，我们就能发现一个大大的空白的逗号。这既是《长江商报》这期特刊的标志，更是表达了打造主流报纸一直"在路上"，没有终点（也就是句号）的宣示。

刊于2008年4月12日《海南日报》第29版

刊于2007年9月6日《长江商报》第1版

第三节　呈现特殊意境

　　版面的留白是一种特殊的画，这是一种非元素的元素化，是对空的设计。在我国传统文化中，空往往代表一种旷达的人生感，充满了禅意。[①]留白，往往能营造一种空灵的意境。

　　▼《青年时报》此版采用的是上下留白手法。封面中简单地用了"悼念日"三个字，版面上下皆为空白，仿佛整个版面披上了一层白幔，既契合全国哀悼日悲哀的气氛，又留下读者对逝者无尽的哀思。

　　在读者的眼里，这些留白并不是空白，而是一幅幅强震后的惨剧和悲恸画面，反复叠映于留白处，令人动容，催人泪下。

刊于 2008 年 5 月 20 日《青年时报》第 1 版

---

①　苑平 . 版式设计 [M]. 北京：中国劳动社会保障出版社，2014：9.

刊于 2011 年 10 月 7 日《钱江晚报》B1 版

▲《钱江晚报》这个版面的标题里，首先就有"空白"两字；其次，苹果公司商标图形中的确空出了一大块。这样的留白，充分表达了作者、编者对于乔布斯逝世的悲痛心情，给版面也留下了一种仪式感，而且还有些双关之意。

空白让眼睛得以休息，也能衬托内文，一块相对于密实的空白，让密实的地方显得更加饱满。它能帮助版面上的材料显得更有条理，如果运用得巧妙，留白就是印刷刊物中最便宜的利器了。①因为其他颜色都需要油墨。这也跟中国画和水彩画一样，白色就是利用纸本身的颜色。版面留白，虽为"舍"却是"得"，看似"退"实为"进"。这就是留白的独特魅力。

① 谢雨玫.图片编辑与版面设计 [M].北京：中国摄影出版社，2009：107.

参考文献

[1] 盛希希，唐立影．版式设计 [M]．北京：北京大学出版社，2013．

[2] 艾青，陈琳，毕丹．版面编排设计 [M]．2 版．武汉：华中科技大学出版社，2014．

[3]SE 编辑部．新·版式设计原理 [M]．曹茜，译．北京：中国青年出版社，2013．

[4] 陈建勋．现代设计元素·版式设计 [M]．南宁：广西美术出版社，2006．

[5] 程亚鹏．编排创意设计 [M]．北京：北京大学出版社，2013．

[6] 修艺源，王晓峰．编排设计 [M]．北京：中国水利水电出版社，2013．

[7] 谢雨玫．图片编辑与版面设计 [M]．北京：中国摄影出版社，2009．

[8]Obscureinc 工作室．版面设计黄金法则 [M]．张夏薇，吴佳颖，张蓓蓓，译．北京：人民邮电出版社，2013．

[9] 陈根．版式设计及经典案例点评 [M]．北京：化学工业出版社，2015．

[10] 王咏斌．报纸版面学 [M]．北京：人民日报出版社，2006．

[11] 苑平．版式设计 [M]．北京：中国劳动社会保障出版社，2014．

[12] 马丹．版式设计 [M]．北京：龙门书局，2014．

[13] 周逢年，张媛，薛朝辉．版式设计 [M]．南京：江苏美术出版社，2013．

[14] 周妙妍．版式设计从入门到精髓 [M]．北京：中国铁道出版社，2014．

[15]Sun I 视觉设计．版式设计法则 [M]．北京：电子工业出版社，2012．

[16] 廖小静，罗杰，刘春田．中国新闻设计年鉴 [M]．上海：上海辞书出版社，2011．

[17] 满都拉．美术编辑创意手册 [M]．北京：电子工业出版社，2013．

[18] 徐丽．版面设计艺术 [M]．北京：化学工业出版社，2012．

[19] 冯守哲，罗雪，曹英．版式设计 [M]．沈阳：辽宁科学技术出版社，2011．

[20] 忻志伟，周骥．报纸新闻标题制作与编排艺术 [M]．上海：复旦大学出版社，2014．

后　　记

　　《报纸版式创意设计》一书，应该是我和老同事周骥合写的最后一本新闻采编业务书。因为我俩已双双离开了挚爱并甘心为之奉献付出的新闻采编一线，我去了报社行政、经营岗位工作，周骥现在在市政府工作。

　　为鼓励新闻采编人员认真钻研业务，及时思考总结，宁波日报报业集团2007年出台了资助采编人员出版新闻业务书籍的相关政策，给了长期钻研报纸版面编辑工作、当时在宁波日报国内国际新闻部工作的我们一个绝好的机会。在政策的引导和刺激下，我俩夜以继日（晚上上夜班、白天写书稿），有时甚至是上完夜班写作，直至天明。好在平日积累多、关注多、思考多，连续奋战10个月，我们完成人生的第一本新闻采编业务专著——《报纸版面编辑设计策划宝典》，是宁波日报报业集团资助出版项目中唯一获得全额资助出版的新闻业务专著，2009年4月在大众文艺出版社顺利出版。

　　在搜集、整理第一本书的资料和写作过程中，我们有点手忙脚乱，但也渐渐有了些经验。浏览各色报纸版面时，我们有意将一些资料分门别类地归档，如标题、专栏及版式创意等。可能是我们从第一本书中尝到了甜头，或者说在宁波日报报业集团"资助政策"的鼓励下，有了更大的"野心"。我们要争取出第二本书，甚至更多，要将我们工作中所学所思变成系列新闻采编业务专著！接着，我们合写的《报纸标题制作与编排艺术》一书再次获得宁波日报报业集团全额资助出版。时任宁波日报报业集团社长何伟提出，集团资助出版的新闻业务专著要提高出版档次，要让复旦大学出版社专业人士来评判、把关、出版，因为宁波日报报业集团与复旦大学新闻学院是战略合作关系。

　　书稿交复旦大学出版社后，一段令人难忘的经历来了。复旦大学新闻学博士、复旦大学出版社社科部主任章永宏给我来电，肯定了这本书的质量，说类似的书确实很少见，说明我们是下了很大功夫的，出版社想把这本书当成大学教材来出版。不过，需要修改，而且是大幅度地改。具体怎么改？请有空来上海当面告知。半个月后，怀着忐忑之心，我随复旦大学新闻学博士、时任宁波日报报业集团新闻办主任金君俐和新闻办副主任谢安良一起去上海拜会章博士。章博士要求在书中大幅度强化理论色彩、调整组织框架、完善内容等，我边在本子上记录边在心里打鼓。由于长期奋战在报纸版面编辑岗位，或者说此书的特色就是讲究实践操作，强调实用性，所以我们有意减少、甚至避开理论方面的内容，这当是大学教授擅长干的活儿。回甬后，我还一直嘀咕，觉得很为难。我的老领导金君俐博士却跟我说，人生能有几本书？再说你是在国内一流的复旦大学出版社出版有关新闻采编方面的业务专著，非常难得，好好打磨是值得的。

在金博士的半说半劝下，也在章博士的严格要求下，我和周骥只能"擦干眼泪"，再上各大图书馆、报社资料室系统学习新闻理论、文学理论等相关知识，反复推敲、打磨，花了整整 5 个月时间，重新调整了书稿结构，充实了不少理论内容，并且获得了章博士的肯定和赞赏。2014 年 9 月，《报纸标题制作与编排艺术》在复旦大学出版社出版。这本书，至少花了我们写两本书的精力才搞定。现在回过头来，还是要感谢复旦大学毕业的章、金两位博士严谨的学术精神和热情的鼓励，让我们深深感受到了学术的力量和严谨的魅力。更要感谢的是宁波日报报业集团的领导和评委，对我们前两本新闻业务专著的首肯和资助，正是你们的鼓励和肯定，让我们"膨胀"了"野心"，产生了惯性，而后又写出了两本专著。

说实话，在《报纸标题制作与编排艺术》获宁波日报报业集团全额资助出版后，我和周骥就着手写作《报纸专栏设置与美化》一书。但是，当我们好不容易完成书稿时，宁波日报报业集团却因故中止了资助采编人员出版新闻业务书籍之事。为此，我们心急如焚，十分苦闷。也是一个偶然的机会，我们得知宁波市社科联每年都在资助出版社科类书籍。新闻采编业务不也属社科类吗？于是，我们抱着试试看的心态，向宁波市社科联提出了资助申请。结果，喜出望外，此书获得了宁波市社科联的全额资助出版（当年宁波市社科联全额资助出版的只有 5 本图书）。2015 年 7 月，《报纸专栏设置与美化》一书在浙江大学出版社出版。这本书的出版与宁波市社科联的专家、领导的鼓励和支持是分不开的，在出版期间与虽未见面的责任编辑田华老师的沟通也是相当顺畅的，在此一并道声感谢。

2016 年 10 月，我离开了心爱的新闻采编一线岗位，到报社办公室工作。之前，周骥也调至市政府工作。由于之前已写了半本书的规模，加之我们也习惯了这种利用业余时间写书的节奏，于是我俩又写成了《报纸版式创意设计》一书。

　　正当我们苦寻出版之处时，2020年1月22日，宁波市传媒研究基地发出《关于申报2020年度宁波市传媒研究基地学术著作出版资助项目的通知》，鼓励宁波日报报业集团、宁波广电集团等传媒一线单位和工作人员申报。我们的《报纸版式创意设计》一书，再次赢得评委的青睐，获得资助出版。虽然《报纸版式创意设计》一书并非全额资助，自己还要掏一半多的钱，但是我和周骥还是想予以出版。因为再好的书也有保鲜期，书写好了不出版真的很可惜，另外，宁波市传媒研究基地的相关领导、同事的支持和鼓励，以及合肥工业大学出版社袁媛老师的肯定，也让我们坚定了出版的决心。

　　央视主持人敬一丹退休前写了《我遇到你》一书，书中有句话使我感触最大："不太老的时候去创造怀旧的资本，很老的时候有旧可怀。"人生是短暂的，转眼间，我也到"青年节"的年龄，今年54岁了，周骥也从一名朝气活泼的大学毕业生，过了不惑之年。

　　回望走过的新闻采编职业生涯，留下的恐怕就是13年中我和周骥合写的《报纸版面编辑设计策划宝典》《报纸标题制作与编排艺术》《报纸专栏设置与美化》《报纸版式创意设计》这四本书。

　　上述四本新闻采编业务专著，倾注了我们大量的心血，代表了我们勤思好学的成果，见证了我们最纯真的同事友谊，饱含了我们对离开心爱的新闻采编一线岗位的那份不舍与怀念。

　　前三本书，我和周骥都没写后记，因为我们觉得都没完，还要继续写很多很多的业务书。这次，可能真的不同了，也许是年纪大了、岗位变了，也许是写作、出版难度大了。于是，我们愉快地决定，将《报纸版式创意设计》作为（也许是）合写的最后一本新闻采编业务专著。为此，我想一定要把我和周骥合写这四本书的过程写下来，以作"人生怀旧"纪念。

忻志伟

2020年7月6日晚上于锦地水岸

图书在版编目（CIP）数据

报纸版式创意设计 / 忻志伟，周骥著.—合肥：合肥工业大学出版社，2020.8
ISBN 978-7-5650-4960-6

Ⅰ.①报…　Ⅱ.①忻…　②周…　Ⅲ.①报纸—版式—设计　Ⅳ.①G213

中国版本图书馆CIP数据核字（2020）第160766号

报纸版式创意设计

忻志伟　周　骥　著　　　　　　　　责任编辑　袁　媛

出　版	合肥工业大学出版社	版　次	2020年8月第1版
地　址	合肥市屯溪路193号	印　次	2020年9月第1次印刷
邮　编	230009	开　本	710毫米×1010毫米　　1/16
电　话	艺术编辑部：0551- 62903120	印　张	9.5　彩插　2印张
	市场营销部：0551- 62903198	字　数	180千字
网　址	www.hfutpress.com.cn	印　刷	安徽联众印刷有限公司
E- mail	hfutpress@163.com	发　行	全国新华书店

ISBN　978-7-5650-4960-6　　　　　　　　　　　　　　定价：54.00元

如果有影响阅读的印装质量问题，请与出版社市场营销部联系调换。

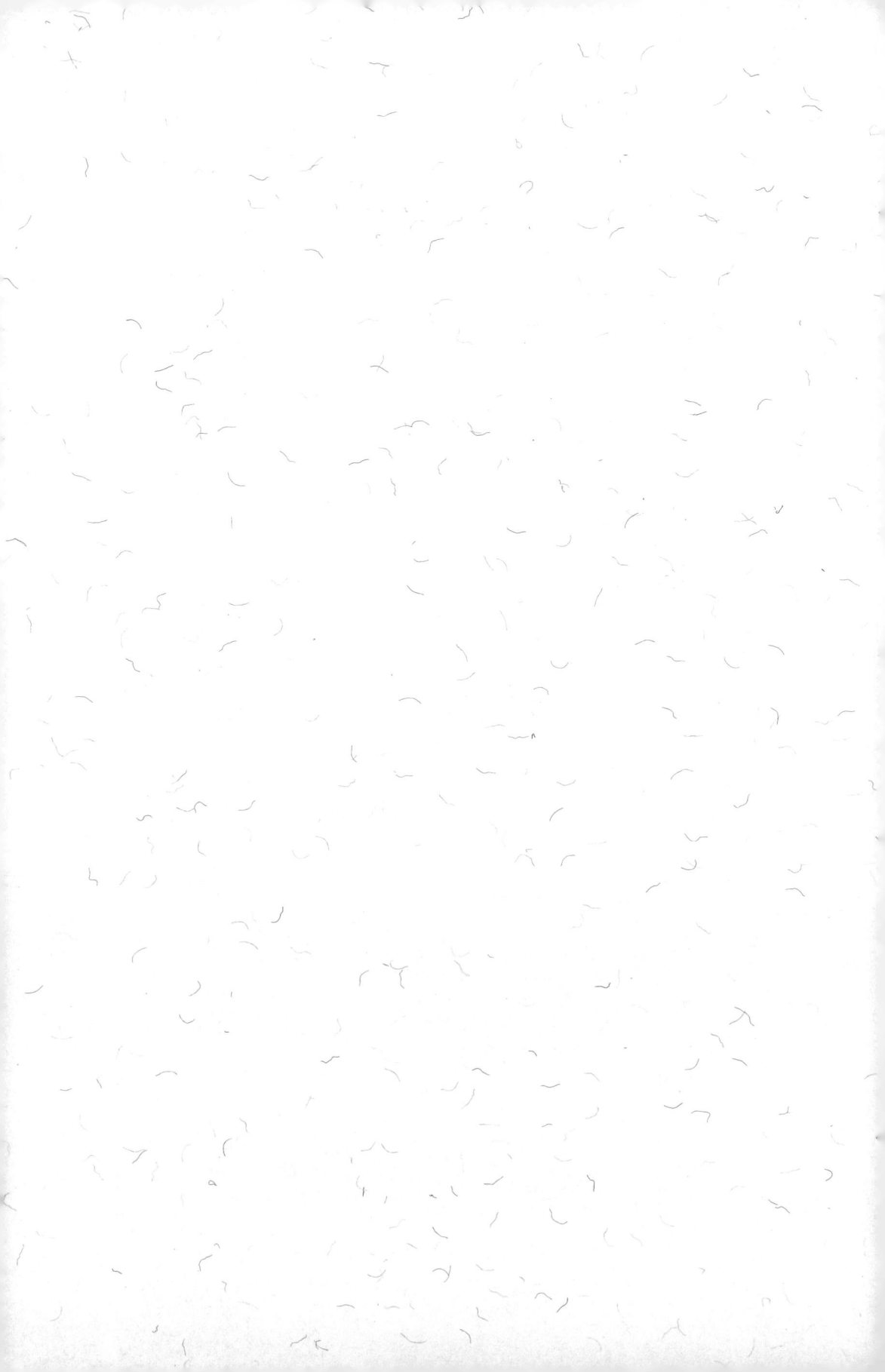